PRÁTICAS RESTAURATIVAS

Um novo olhar para o conflito e a convivência

SATTVA EDITORA

contato@sattvaeditora.com.br
www.sattvaeditora.com.br

Organização: **Aimée Grecco**

Coordenação Editorial e preparação de texto: **Dante Grecco**

Revisão Técnica: **Cristina Telles Assumpção e Violeta Daou**

Revisão Final: **Olenka Franco**

Editora: **Vivian Lerner**

Projeto gráfico e diagramação: **Luiz Zonzini**

Capa: Obra *Caminho do Sol*, de **Dora Petresky**

Práticas restaurativas: um novo olhar para o conflito e a convivência

Dados Internacionais de Catalogação na Publicação (CIP)
Agência Brasileira do ISBN - Bibliotecária Priscila Pena Machado CRB-7/6971

P912 Práticas restaurativas : um novo olhar para o conflito e a convivência / org. Aimée Grecco. — São Paulo : Sattva, 2019.
260 p. ; 21 cm.

Inclui bibliografia.
ISBN 978-85-67977-36-2

1. Mediação de conflitos. 2. Resolução de disputa (Direito). 3. Justiça restaurativa. 4. Reparação (Direito). I. Grecco, Aimée. II. Título.

CDD 347.8109

EQUIPE JUSTIÇA EM CÍRCULO

PRÁTICAS RESTAURATIVAS

Um novo olhar para o conflito e a convivência

ORGANIZADORA: **AIMÉE GRECCO**

SATTVA EDITORA

2019

AGRADECIMENTOS

Chegamos à publicação de nosso segundo livro, o que só foi possível porque inúmeros parceiros depositaram enorme confiança na equipe. E, mais do que isto, abriram as portas para que entrássemos em suas Instituições, em suas casas e em suas vidas. Não há palavras para expressar nossa gratidão.

Com todos os nossos parceiros, semeamos os valores, os princípios e as práticas da Justiça Restaurativa, adubamos nossa terra, regamos e colhemos belos frutos que vêm transformando muitas realidades.

Juntos, vivemos um dos mais importantes diferenciais da Justiça Restaurativa: a responsabilização coletiva!

Nosso profundo agradecimento e admiração a todos.

ÍNDICE

Círculo Virtual de apresentação da Equipe
Facilitadora Cecília Pereira de Almeida Assumpção 9

Introdução
Aimée Grecco 23

ÁREA EDUCACIONAL

Capítulo 1 • Barueri • Ampliando Fronteiras
Heloise Helena Pedroso e Monica Burg Mlynarz 27

Capítulo 2 • São José dos Campos
Uma Experiência Inédita e Inovadora
Cristina Telles Assumpção, Dora Petresky e Mara Mello .. 69

Capítulo 3 • ONG Chaverim:
Capacitação em práticas restaurativas para monitores que trabalham com pessoas detentoras de deficiência intelectual
Dora Petresky e Joyce R. Markovits 99

Capítulo 4 • Construção de um Curso de Formação à Distância de Mediação de Conflitos e Abordagens Restaurativas
Cecília Pereira de Almeida Assumpção e Cristina Telles Assumpção 119

ÁREA COMUNITÁRIA

Capítulo 5 • A Voz de Quem Fez o Trabalho de Justiça Restaurativa Comunitária em São Caetano do Sul
Cristina Telles Assumpção e Dante Grecco 139

Capítulo 6 • Reinserção Familiar e Social do Dependente Químico por Meio da Metodologia da Justiça Restaurativa
Joyce R. Markovits 149

REDE DE REDES

Capítulo 7 • Expansão das Práticas de Mediação e de Justiça Restaurativa em Macapá e Município de Santana (Amapá)
Célia Bernades, Marta dos Reis Marioni, Vania Curi Yazbek e Violeta Daou 183

ÁREA EMPRESARIAL

Capítulo 8 • Mediação Restaurativa: Uma Prática de Justiça Restaurativa em Empresa
Marisa Japur e Sueli Mazzer Renberg 217

BASES TEÓRICAS

Capítulo 9 • Comunidade de Aprendizagem como Processo Formativo em Práticas de Justiça Restaurativa
Vania Curi Yazbek.. 245

CÍRCULO VIRTUAL DE APRESENTAÇÃO DA EQUIPE JUSTIÇA EM CÍRCULO

Facilitadora: Cecília Pereira de Almeida Assumpção

"A Justiça Restaurativa é, acima de tudo, uma introdução ao diálogo e ao descobrimento..."

(Zehr, Howard. 2005)

Círculo é um convite e não uma ordem. É um espaço de encontro. Muito importante é cuidarmos da voluntariedade, podendo decidir por não fazer, o que fazer, como fazer, contanto que isso não nos distancie do grupo.

Você está convidada a participar do Círculo Virtual de apresentação da equipe *Justiça em Círculo.*

Somos 12 integrantes e estamos horizontalmente em Círculo. Todas ocupam um lugar para a realização do Círculo Virtual. Vamos participar virtualmente, considerando espaço e tempo de cada uma, disponibilidade para construção conjunta, conexão e compromisso para com o Propósito deste Círculo, a apresentação da equipe.

Este formato circular, para nós representa nossa maneira de funcionar e por isto a escolha de nos apresentarmos em Círculo Virtual, como uma das práticas utilizadas de trabalho em equipe.

ORIENTAÇÕES DO CÍRCULO VIRTUAL:
Trazendo as diretrizes para o nosso Círculo.

• Cada integrante tem um número. Cuide para que seja respeitada a sequência numérica.

• O número 1 (um) começa a rodada e termina no número 12 (doze).

• O bastão virtual deverá ser rodado em sentido horário.

• Identifique-se pelo seu número e nome para que todas saibam de quem é a vez.

• A cada posse do bastão virtual a pessoa terá, no máximo, 3 (três) dias para realizar sua participação e, assim, dar continuidade ao próximo número subsequente e acompanhamento de todas as participantes.

• Vamos ter quatro rodadas e a facilitadora sumarizará ao final de cada rodada com consentimento ou algo que queira acrescentar ainda no texto final de cada rodada.

• A participação é de caráter pessoal. Portanto, é de escolha a forma textual e o conteúdo.

• Fale do coração. Escute com o coração.

• Pode-se exercer o direito de passar sua vez. Neste caso, espera-se o prazo de, no máximo, 3 (três) dias e, assim, o bastão virtual irá para o próximo número, dando continuidade à circularidade. O importante é o movimento no Círculo. Permaneça no Círculo. Desta forma, a pessoa terá a chance de se manifestar na próxima rodada se houver ainda alguém que não participou inicialmente.

• Fale com respeito. Escute com respeito.

• O papel do facilitador é de guardião do processo e poderá intervir conforme a necessidade durante o processo virtual.

• Se alguém durante o processo tiver alguma necessidade ainda não atendida, manifeste-se.

• É importante sua participação. Vamos vivenciar o Círculo Virtual de Apresentação da Equipe com coerência entre postura e os princípios e valores da Justiça Restaurativa.

• O Propósito do Círculo Virtual é construir em conjunto nossa apresentação como equipe de maneira virtual e consensual.

• Bom trabalho!

CERIMÔNIA DE ABERTURA

Vamos nos preparar individualmente...

Ficar numa posição confortável e visualizar nossa configuração do Círculo Virtual, buscando fazer contato com o chão, fechar os olhos e conectar-se com sua respiração. Sentir a brisa que vem do mar e que entra no local. Em seguida, conectada com a respiração, voltar a estar presente e, aos poucos, abrir os olhos.

QUEM SOMOS ENQUANTO EQUIPE

Somos *Justiça em Círculo,* uma equipe multidisciplinar de capacitadores em Justiça Restaurativa. Nos nossos encontros e projetos de trabalho vivenciamos os princípios, os valores e a força do Círculo, tais como respeito pelo outro, colaboração e conexão às necessidades de cada um, sem perder o sentido de coletividade.

COMO TRABALHAMOS

Com ações fundamentadas no enfoque Construcionista Social da abordagem sistêmica, cada ação adquire um sentido singular para atender às necessidades do contexto. A equipe *Justiça em Círculo* acumula uma ampla experiência no campo docente de Justiça Restaurativa. Busca promover mudanças paradigmáticas em todos os envolvidos, alunos e profissionais de comunidades, escolas, Sistema de Justiça e rede de serviços. Privilegia a mudança relacional e utiliza ferramentas reflexivas para o empoderamento do indivíduo (exercício de alteridade nas relações).

QUEM SOMOS

Aimée Grecco - psicóloga

Cecília Pereira de Almeida Assumpção – pedagoga

Cristina Telles Assumpção – fonoaudióloga

Dora Petresky – socióloga

Heloise Helena Pedroso - advogada

Joyce R. Markovits - advogada

Mara de Mello Faria - advogada

Marta dos Reis Marioni - psicóloga

Mônica C. Burg Mlynarz – psicóloga

Sueli Mazzer Renberg – psicóloga

Violeta Daou - psicóloga

Vania Curi Yazbek – psicóloga

PRIMEIRA RODADA DE VALORES

Ao longo de sua jornada restaurativa como facilitadora e capacitadora de práticas restaurativas até o momento, observando o fluxo do processo circular representado pela árvore, pense qual valor você gostaria de oferecer para este espaço virtual que estamos compartilhando.

Coloque no centro do Círculo um valor que conecte você com esta construção para apresentação da equipe:

SEGUNDA RODADA: 1ª PERGUNTA NORTEADORA

Vamos visualizar os valores que escolhemos acima citados para estarem presentes neste trabalho ao centro do nosso Círculo.

Agora, conecte-se consigo mesma, pense em sua trajetória na Justiça Restaurativa por alguns minutos, sua participação na equipe *Justiça em Círculo* como capacitadora e facilitadora de práticas restaurativas até o momento atual.

Para cada uma de nós tem significados e aprendizagens pessoais e singulares. Vamos registrá-los aqui:

- O que acreditamos que possa fomentar novas posturas e visões de mundo no processo de ensino/aprendizagem de prática de Justiça Restaurativa?

- Ao preparar um Círculo, o facilitador deve estar atento a olhar para si mesmo e assegurar que cada etapa do Círculo esteja condizente com o propósito desejado.

- Construir um ambiente acolhedor, afetivo, com boas conexões, respeito, confiança; um espaço seguro onde as pessoas sejam incluídas, consideradas, reconhecidas, respeitadas... que acolha as múltiplas vozes (polifonia) e possibilite a ampliação de conhecimento pelas múltiplas visões.

- Ter ética na comunicação, uma escuta genuína, com respeito e sem julgamento, validando as ideias e colocações do outro, seguida de reflexões profundas e diálogos afetivos o que contribui significativamente para transformação das pessoas.

- Desconstruir conscientemente as "verdades" postas, possibilitando um agir discursivo diferente inter/entre relacional, promovendo uma nova postura e construção no mundo.

- Escolher metodologias que promovam a corresponsabilização e o aprendizado por meio do fazer e vivenciar individualmente e coletivamente experiências inovadoras e transformadoras.

- Tomar decisões compartilhadas por todos. É preciso sensibilidade e cuidado, mantendo a clareza do propósito estabelecido.

- Estar atento ao efeito nos outros daquilo que falamos ou fazemos e vice-versa.

- Buscar desenvolver coerência em todos os participantes entre o pensar, o sentir e o agir e os princípios e valores da Justiça Restaurativa.

Assim, nos colocamos virtualmente em Círculo, fazendo parte deste momento mágico, que é uma das práticas utilizadas na Justiça Restaurativa.

TERCEIRA RODADA: 2ª PERGUNTA NORTEADORA

Vamos iniciar a última rodada de perguntas.

Somos um caleidoscópio de múltiplas experiências, sentimentos e aprendizagens.

Dando sequência à pergunta anterior: - **O que acreditamos que possa fomentar novas posturas e visões de mundo no processo de ensino/aprendizagem de prática de Justiça Restaurativa?**

Agora responda à última parte:

- **Como vivenciamos e sentimos esta transformação em nós?**

Para cada uma de nós...

As histórias de vida de cada participante e suas "múltiplas verdades" em um Círculo ajudam a ter mais empatia pelo próximo, constante reflexão, independentemente de qual seja sua trajetória de vida, nos alimenta, nos faz crescer e nos transforma. A desconstrução das crenças de bom/mal, certo/errado, para um olhar sistêmico, holístico, interdependente abala profundamente as "verdades". Tem sido uma construção diária ao mesmo tempo prazerosa e desafiadora. Um convite à revisão paradigmática nas relações pessoais e profissionais, desde como responder à violência sem retroalimentá-la, até revisitar nossas práticas educacionais para preveni-la. Passa a ser como uma "segunda pele", ou seja, algo que passou a fazer parte, que foi incorporado para sempre.

"Quem te viu, quem te vê
Quem não a conhece
Não pode mais ver pra crer
Quem jamais a esquece
Não pode reconhecer"
(Chico Buarque)

Jogar uma pedra no rio e observar as ondas que se formam ampliando para muito além todos os princípios e valores da Justiça Restaurativa traz uma grande energia para continuar a jornada restaurativa... silêncio reflexivo, olho no olho, empatia, conexão, colocar-se no lugar do outro, respeito e escuta. Da jornada de vida... trouxe tudo isso, aquece o coração, faz bem. Parece que todo caminho pessoal e profissional levou à Justiça Restaurativa, um lugar de transformação constante e alinhamento em direção a coerência de uma sociedade mais justa e com mais paz. Um sentimento de muita gratidão à vida por ter possibilitado conhecer este caminho de tantas inovações combinadas com tradições, curiosidade, estudo e, principalmente, experimentação constante consigo mesma de cada conceito contatado.

E a cada momento futuro respirar para com mais consciência um rumo tomar...

QUARTA RODADA: FECHAMENTO

- Como foi para você participar deste Círculo?

Para esta rodada de fechamento vamos colocar a participação de cada uma retratando como foi participar desta experiência do Círculo Virtual:

Participar do Círculo Virtual proporcionou o

...Conectar, sonhar, atuar, incluir, humanizar, reciclar, realizar, validar, brilhar, agradecer... fortalece nossos vínculos, nossa rede e o sentimento de pertencimento... gratidão... cada voz acolhida... fortalece a crença dos princípios e valores restaurativos... uma eterna fome de aprendizagem e compartilhamento... ampliou também a percepção do meu lugar e do lugar de cada uma... quantos entrelaçamentos!!! O que deixa muito claro que pertencemos à mesma história e nos empenhamos nos mesmos sonhos... sentir o calor de todas chegando até nós... mas sempre aberta a novas sensações e aprendizados e estando juntas, isso é o que importa... uma convivência colaborativa, corresponsável, respeitosa pelo outro e pelo processo, reconhecendo a interdependência e o comprometimento coletivo...

Consideramos uma forma poderosa de ação... construir comunidade... uma oportunidade de conhecer um pouco mais o que cada uma sente e pensa... pertencer ao Círculo Virtual traz a boa lembrança da alegria de criança ao brincar de roda: várias canções, várias vozes, vários passos sintonizados nas diferenças...

E vamos seguindo adiante...

CONSIDERAÇÕES FINAIS

A ideia de reviver o Círculo Virtual para apresentação da equipe *Justiça em Círculo* se deu pela crença de nossa coerência e postura no pensar/sentir/agir nas capacitações, facilitações e reuniões de equipe. Nos colocamos em ação, em Círculo, em movimento circular, para expressar o que pensamos, sentimos e aprendemos no processo de nossa jornada restaurativa até o momento presente.

Havíamos experimentado o formato de Circulo Virtual, cuja experiência foi relatada no Capítulo 12 do livro da equipe *Justiça Restaurativa em ação*, "(...) fazer do Círculo uma aprendizagem" (Assumpção, 2014, p. 276).

Escolhemos, então, o formato do Círculo Virtual como um recurso criado pela equipe, lançando mão da metodologia circular adaptada ao ambiente digital, tivemos como objetivo propiciar também ao leitor um contato com as etapas de um processo circular descritas à medida que vivemos.

Os textos de sumarização foram compostos primeiramente

pela facilitadora, transformados para uma construção virtual de um texto único (e não frases de cada uma), em um processo colaborativo, buscando uma composição que retratasse nossas reflexões, aprendizagens e desafios nos diversos contextos das práticas restaurativas. Novos significados surgiram resultando no senso comum que denominamos, **"Construção de Comunidade das Autoras".**

Por fim, a intenção deste livro foi ampliar este Círculo para incluir todos aqueles que têm interesse e afinidade pela Justiça Restaurativa, o que significa incluir também todos que participaram de nossas capacitações onde estivemos presentes de "corpo e alma restaurativa", para ouvir deles e registrar aqui como este caminho os tocou, assim como a nós, e saber quais repercussões ocorreram na vida pessoal e profissional de todos.

Agora, o bastão vai para a Apresentação dos Capítulos.

Desejamos a todos uma boa leitura.

INTRODUÇÃO

Parece que todo livro tem uma pré-história. Aquela que conta a motivação, a ideia, a necessidade, o desejo e a inspiração para contar uma boa história. Nesse caso, uma das principais motivações para a publicação desse livro surgiu a partir de uma conversa com o jornalista Dante Grecco sobre a necessidade de se divulgar as práticas de Justiça Restaurativa por meio de projetos de capacitação desenvolvidos pela Equipe Justiça em Círculo em uma linguagem mais convidativa a todos os interessados nos temas aqui desenvolvidos, como pais, professores, alunos, além de profissionais de diversas áreas, como advogados, psicólogos, pedagogos, entre outros. Assim, este livro nasceu com o propósito de divulgar experiências práticas da Equipe Justiça em Círculo, atuante desde 2005, cujo primeiro livro, *Justiça Restaurativa em Ação - Práticas e reflexões* (lançado pela Editora Dash em 2014), tem como objetivo lançar luz sobre as principais teorias que alicerçam as bases do trabalho realizado pela Justiça Restaurativa.

Dessa forma, tendo a diversidade como ponto de partida da obra, a equipe procurou reunir algumas experiências que aconteceram em diversos contextos em vários lugares do Brasil. A partir da Capacitação de Facilitadores e/ou Capacitadores realizada pela Equipe Justiça em Círculo, veremos, por meio de narrativas interessantes e empolgantes, como os grupos incorporaram, ampliaram, divulgaram, aproveitaram e exerceram seu aprendizado nos âmbitos da educação, da comunidade, do Judiciário e da área institucional.

Respeitando os princípios da coerência entre falar/agir, aprender/refletir/aprender com a reflexão, postura/ação foram incentivadas mudanças de paradigmas pessoais, relacionais e institucionais por meio de ferramentas conversacionais e dos objetivos da Cultura de Paz. Como foi vivida, assimilada, aplicada, refletida e atualizada desde as Capacitações. Como regam e semeiam atualmente?

Nos capítulos de 1 a 4 abordamos experiências e práticas na Área Educacional. O capítulo 1, mesclando depoimentos, entrevistas e comentários sobre as bases teóricas, de alunos e profissionais em diversas funções da área educacional, emergimos numa experiência em Barueri, município localizado na Região Metropolitana de São Paulo. O capítulo 2, relata várias ações ocorridas em escolas públicas da rede municipal de ensino de São José dos Campos, da Educação Infantil ao Fundamental II, além do envolvimento, da adesão, do comprometimento e da adaptação às necessidades e possibilidades, incluindo outros setores da própria rede. Um jardim magnífico bem adubado e cuidado ou podemos pensar numa árvore frondosa, com muitos galhos, diante da diversidade de grupos/pessoas/instituições envolvidos na prevenção e/ou soluções coconstruídas para os conflitos.

O capítulo seguinte (3) aborda a própria diversidade na ONG Chaverim, por trabalhar com pessoas com necessidades especiais. Somos todos especiais em nossas necessidades tão particulares. Mas como traduzi-las? Como os processos conversacionais nos ajudam no reconhecimento da minha, da sua e das nossas necessidades? Alunos, colaboradores e monitores relatam como se sentiram ajudados e esclarecidos a partir deste trabalho.

Em seguida (capítulo 4) uma inovação, cursos EAD - Ensino à Distância: desafios, baseado na conexão dos participantes, conexão e comunicação através das ferramentas virtuais e aprendizagem desta forma peculiar e cada vez mais utilizada.

O capítulo 5 traz depoimentos dos círculos restaurativos realizados em uma comunidade da cidade de São Caetano do Sul, envolvendo questões entre vizinhos, casais e instituições. Podemos dizer que é a voz de quem faz.

O capítulo seguinte (6) nos conta sobre o Projeto proposto pela Comissão Especial de Estudos sobre Educação de Drogas da OAB/SP e como os Círculos de Construção de Paz estão colaborando para reinserção social e familiar dos dependentes químicos.

A seguir, a pequena pedra lançada no lago, com tantas ondas que reverberam em vários sentidos. O ponto inicial do capítulo 7 é no Ministério Público, incluiu e ainda inclui tantas instituições, Tribunal de Justiça, Instituto de Administração Penitenciária - IAPEN, Secretaria da Educação, Uma experiência muito abrangente realizada no Amapá, um bom exemplo a ser seguido por outros estados brasileiros.

O capítulo 8 traz uma experiência muito bem-sucedida em uma grande instituição financeira brasileira que se abriu para novas resoluções de conflitos entre seus funcionários e, entre departamentos com a própria instituição. Foram criadas e colocadas em prática ferramentas que ajudaram na mudança do clima institucional assim como da maior parte das pessoas que participaram da Capacitação.

Por fim, um capítulo abrangendo os aspectos teóricos que baseiam o trabalho da Equipe Justiça em Círculo nesta diversidade de contextos.

Estão convidados a embarcar nessa viagem, que tem trazido inúmeros e importantes avanços e descobertas nas possibilidades de prevenção e resolução de conflitos em várias áreas, afinadas com a Cultura de Paz. Bem-vindos a bordo e desejamos a todos uma boa leitura.

Aimée Grecco

CAPÍTULO 1

BARUERI - AMPLIANDO FRONTEIRAS

Heloise Helena Pedroso e Monica Burg Mlynarz

"As fronteiras da minha linguagem são as fronteiras do meu universo".

Ludwing Wittgestein

Para dar continuidade ao diálogo iniciado com o leitor, temos a honra de construir este capítulo com as vozes daqueles que contribuíram para que o projeto junto ao Município de Barueri se realizasse e dos alunos que participaram do projeto de capacitação em Justiça Restaurativa realizado em 18 escolas no Município de Barueri nos anos de 2011 a 2013. E, com isso, partilhar conosco os impactos do projeto em suas vidas pessoais e profissionais e os caminhos que encontram para a aplicabilidade da Justiça Restaurativa.

A Justiça Restaurativa chegou em Barueri a partir de uma palestra organizada pelo Juiz Mario Sergio Leite, então diretor do Fórum,ministrada por dr. Egberto de Almeida Penido e a dra. Luciana Bergamo Tchorbadjian, respectivamente, Juiz de Direito e Promotora de Justiça, a qual teve grande sucesso e sensibilizou muitos dos expectadores, especialmente pela visão mais humana e sensível da Justiça Restaurativa. O sonho de trazer a Justiça Restaurativa para Barueri veio da conferência do professor Howard Zehr, realizada em 7 de abril de 2008, no Salão Nobre da Faculdade de Direito da USP. "Nesse dia fiquei muito sensibilizado pela Justiça Restaurativa que trouxe um outro olhar, outro foco, para se ver e aplicar a justiça nos conflitos", lembra o Dr. Mario Sergio. "Essa palestra foi minha inspiração, a virada de chave e a força que me moveu. E esse sonho ganhou realidade. Tivemos apoio incondicional do Município de Barueri, que foi o primeiro a aplicar a Justiça Restaurativa na rede básica de ensino e também o pioneiro a regulamentar por Decreto a sua aplicação. Importante lembrar que o Prefeito Rubens Furlan não poupou esforços para sedimentar o projeto", acrescenta o dr. Mario Sergio, que também cita a importância do dr. Luís Roberto Jordão Wakim, então Promotor da Infância e da Juventude, que foi o grande executor do projeto, estando à frente de muitas práticas.

O projeto então cresceu e tomou forma com a participação da comunidade e da equipe Justiça em Círculo, formada por Vania Curi Yazbek, Monica Burg e Heloise Helena Pedroso. A seguir, a Prefeitura de Barueri firmou uma parceria entre Justiça e Educação com a elaboração e aprovação da Lei 1948/2010 para a implementação de um Programa de Justiça Restaurativa no Município.

Como disse Miguel Cervantes Saavedra: "Quando se sonha sozinho é apenas um sonho. Quando se sonha juntos é o começo da realidade."

Em 2010, houve a concorrência pública e em 23 de dezembro de 2010 a assinatura do contrato para inicio dos trabalhos em 2011, quando se constituiu um Grupo Gestor com a primeira reunião em 07/01/2011, com os membros das Ongs capacitadoras, da Educação e Justiça. Este Grupo Gestor foi sendo ampliado e contou com a participação da Educação, Justiça, Ministério Público, Conselho Tutelar, Ações Sociais e Cidadania Assistência Social, Segurança, Saúde e Comunidade (ONGs), pautado pela responsabilização coletiva na obtenção de resultados, para pensar nas ações a serem realizadas, lidar com desafios e na sustentabilidade das mesmas nas fases de implementação, viabilidade e sustentação do projeto.

A Secretaria de Educação nomeou representantes para acompanhar o projeto, dentre eles Rosália Ribeiro Martins, que se tornou nosso braço direito, pois sua vivência em educação e conhecimento da realidade do contexto foi fundamental para nortear as ações do projeto.

Em 27/01/2011, em segunda reunião com o Grupo Gestor, tomamos contato com o mapeamento realizado para vulnerabilidades sociais e projetos que vinham sendo desenvolvidos pois elegemos dar início a este trabalho focando em bairros de maior vulnerabilidade.

Focalizamos neste artigo o período compreendido entre 2011 e 2012/13, onde foram capacitadas duas turmas, a primeira turma com 09 (nove) unidades em 2011, e uma segunda turma com mais 09 (nove) unidades escolares em 2012/13, totalizando 18 unidades da rede pública de Educação Municipal, com o objetivo de capacitar 110 pessoas em cada ano, sendo 10 (dez) integrantes de cada uma das unidades escolares (gestão, corpo docente e discente, pais, colaboradores) e 20 (vinte) integrantes do Sistema de Garantia de Direitos da Criança e do Adolescente (SGDCA), em cada ano.

Em 2011, o projeto contou com duas equipes capacitadoras, uma do Mediativa - Instituto de Mediação Transformativa, com a participação de Vania Curi Yazbek, Monica Burg e Heloise Helena Pedroso, responsáveis pela capacitação em facilitação de práticas restaurativas[1]e a equipe do CECIP - Centro de Imagem Popular do Rio de Janeiro, com a participação de Monica Mumme, Loide Muniz Barreros, que assumiram a capacitação em habilidades de agentes de mudanças institucionais[2] e Sabrina Paroli como co-facilitadora. A partir de 2012, o Instituto Mediativa seguiu com o projeto, incluindo a avaliação participativa[3]. A segunda turma 2012/13 se formou

1. Facilitador é alguém que ajuda um grupo de pessoas a definir os seus objetivos comuns e acompanha o caminho para alcançá-los sem tomar partido na discussão. Ele se propõe a ajudar o grupo a chegar a um consenso sobre quaisquer divergências que ocorreram antes da reunião ou que possam surgir durante o evento, com a intenção de construir uma base consistente para uma ação futura. Fonte: Fuks(2009), Disponível em http://www.irice-conicet.gov.ar/files/PDFs/revirice/fuks.pdf.

2. Agente de mudança - agente capaz de liderar processos de planejamento, realização e reflexão para implementar uma nova cultura.

3. Segundo Barreira (2000, pp.93-94) "um processo participativo de construção e acompanhamento conjunto de uma proposta de trabalho em direção ao atendimento das necessidades individuais e coletivas expressas pelos seus participantes. Propicia a seus integrantes partilhar suas preocupações, buscar soluções conjuntas, desenvolver sua autoestima, habilidades e capacidades para conquistar seus direitos de cidadania e de vida com dignidade." Avaliação Participativa de programas sociais. São Paulo--Lisboa: Veras Editora-CPIHT.

no primeiro semestre de 2013, sendo iniciada uma terceira turma no segundo semestre de 2013, tendo como capacitadoras Célia Bernardes, Sueli Renberg e Joyce Markovits.

A Justiça Restaurativa nasceu da prática e da necessidade de dar respostas não violentas que pudessem romper ciclos de violência em diferentes contextos sócio-histórico-culturais. Assim, foram sendo desenvolvidas diferentes metodologias que oportunizassem respostas adequadas as necessidades locais, divergindo em forma, objetivos e definições.

Todas elas, porém, concordam que se propõem a uma mudança de paradigma sócio histórico cultural assim, o principal foco da capacitação foi lançar um olhar sobre o contexto sócio histórico cultural em que estamos inseridos, tomando conhecimento de onde partimos para uma tomada de decisão consciente acerca da manutenção do paradigma existente e da mudança que se busca com a proposta da Justiça Restaurativa. Nesse sentido, a capacitação é desenvolvida em três pilares: habilidades conversacionais (que consideram a linguagem como construtora do mundo e o contexto)[4], mudança da postura do facilitador (mudança de olhar e habilidades emocionais da comunicação não violenta[5]) e metodologias

4. Segundo Vygotsky, o homem se produz na e pela linguagem, isto é, é na interação com outros sujeitos que formas de pensar são construídas por meio da apropriação do saber da comunidade em que está inserido o sujeito. A relação entre homem e mundo é uma relação mediada, na qual, entre o homem e o mundo existem elementos que auxiliam a atividade humana. Estes elementos de mediação são os signos e os instrumentos.

5. A Comunicação Não-Violenta é um processo de pesquisa contínua, desenvolvido por Marshall Bertram Rosenberg e uma equipe internacional de colegas, que apoia o estabelecimento de relações de parceria e cooperação, em que predomina comunicação eficaz e com empatia. Enfatiza a importância de determinar ações à base de valores comuns.

(práticas regidas por valores[6] e princípios [7]restaurativos).

Como acontece nos projetos, ao seu término nos desconectamos do contexto, surgindo a ideia de uma reconexão para compreender o que da semente lançada floresceu, tanto com o olhar de validar as práticas realizadas quanto para aprendizagem e aprimoramento.

Com esse objetivo, convidamos nossos ex-alunos a compartilhar como a Justiça Restaurativa esteve e está presente em suas experiências pessoais e profissionais.

Fomos privilegiados com a participação de pessoas de diferentes lugares, o que possibilitou um olhar diversificado e amplo. Essa participação se deu de duas formas: por meio de respostas a duas perguntas ou depoimentos. Aproveitamos para expressar nossa gratidão aos que puderam dedicar seu tempo na construção coletiva deste capítulo, mesmo diante das demandas e dos desafios cotidianos.

---

6. Hopkins- "Just Schools" (2004). Valores que sustentam relacionamentos tais como: respeito mútuo, empoderamento colaboração, valorização do outro, integridade, honestidade, abertura, confiança, tolerância.

7. Grecco, Justiça Restaurativa em ação- p.50- VAN NESS e STRONG (2010) Descrevem três princípios fundamentais
a) A justiça exige que nós trabalhemos para restaurar os danos vividos pelas vítimas, agressores e comunidades que foram prejudicados pelo crime.
b) Vítimas, ofensores e comunidade devem ter oportunidade de uma participação ativa no processo de justiça, tão cedo e o mais plenamente possível.
c) na promoção da justiça o governo é responsável pela preservação de ordem e da comunidade para o estabelecimento da paz .

Iniciamos com o depoimento de Rosália Ribeiro Martins, parceira que apoiou e enriqueceu o projeto desde seu início, abraçando a ideia, contribuindo com a experiência de quem conhece o contexto e a sabedoria de quem respira a realidade escolar, que além de nos contextualizar em todo o trajeto, nos oferece neste momento os impactos por ela percebidos.

*Depoimento de **Rosália Ribeiro Martins,** Supervisora de Ensino na Secretaria Municipal de Educação do Município de Barueri de 2000 a 2014*

Ajudar que as partes resolvam os conflitos

"Tomei contato pela primeira vez com a Justiça Restaurativa em 2008, quando, como Supervisora de Ensino da Secretaria Municipal de Educação de Barueri, participei de uma reunião representando o Secretário de Educação, Celso Furlan, e com o prefeito Rubens Furlan em que estavam presentes várias pessoas, entre elas o pessoal do Mediativa e do Fórum. Assim que fizeram a apresentação, fiquei apaixonada pelo projeto e queria que fosse implementado em todas as escolas do Município. Nas escolas o dia a dia é pesado e temos que matar um leão por dia. Por isso, vi nesse projeto uma iniciativa interessante para tentarmos resolver vários conflitos. Naquela época, tínhamos algumas regiões muito violentas e precisávamos adotar algumas ações diferentes. Até então era comum seguir o Regimento das normas disciplinares e, em vários casos, adotar a prática do castigo. Ou seja, suspender os alunos de algumas atividades. Nessas situações, os alunos tinham seu direito tolhido de

assistir às aulas. Por isso, fiquei encantada com tudo que Justiça Restaurativa oferecia de interessante e diferente para resolução de conflitos entre alunos e entre alunos e professores dentro da escola. Como o prefeito também ficou encantado com a proposta, o Jurídico achou interessante criar uma lei para implantar o projeto. Assim, Barueri foi o primeiro Município a implantar uma lei que tinha com objetivo incluir a Justiça Restaurativa nas escolas da rede municipal de educação.

Da implantação da lei até ocorrer uma licitação foram cerca de três anos. Assim, em 2011, foram escolhidas nove escolas de ensino fundamental I e II para darem início ao projeto. Primeiro, houve um período de sensibilização no qual o projeto foi apresentado para gestores, diretores, coordenadores e orientadores. A seguir, foram realizadas as capacitações com as facilitadoras envolvendo diretores, professores, funcionários, alunos e pais de alunos. No total, houve 20 encontros de quatro horas, totalizando 80 horas. No ano seguinte, em 2012, o processo foi realizado novamente com outras escolas. E aquelas primeiras 09 continuaram em um acompanhamento mais focado nas ações, enquanto as novas entraram para o processo de formação.

Foi uma grande novidade que transformou muita coisa na rede de ensino. Após as capacitações notamos grandes mudanças no comportamento dos professores e dos gestores no momento de lidar com as situações de conflito. Passou-se a ouvir mais os alunos para que todos, juntos, buscassem a solução dos problemas. Os alunos, que antes se queixavam de não serem ouvidos, também passaram a ficar mais contentes. Antes não eram ouvidos. Alguns professores aderiram rápido às propostas e, inclusive, começaram a adotar práticas de Justiça Restaurativa em atividades dentro da sala de aula. Claro que o grau de intensidade de aderência ao projeto dependeu de cada escola. Mas, na maioria delas, tivemos excelentes resultados. Eu realmente fiquei muito tocada por essas práticas e encantada pelo respeito que há pelas pessoas; em ver como é possível ouvir e entender o outro. Não há um sermão nem receita pronta para o que seria melhor para aquela situação. Na maioria das vezes são os próprios envolvidos que acham a solução. Nós não vamos resolver nada, mas iremos ajudar as partes para que elas resolvam."

Como Justiça Restaurativa se propõe a uma mudança de paradigma, nosso primeiro trabalho nas capacitações foi um olhar panorâmico para as construções histórico-sócio-cultural e seus reflexos, para tomarmos consciência de nosso lugar no mundo e da proposta da Justiça Restaurativa, que vê as situações de conflito como possibilidades de mudança e a linguagem como construtora do mundo, com a perspectiva da coconstrução de um mundo com o outro, com interdependência e corresponsabilidades, o que podemos perceber das respostas de Gislaine.

Gislaine Cristina Zuchini do Amaral foi nossa aluna em 2012, quando estava como educadora da EMEF Caio Prado Júnior. Suas ações posteriores demonstram que incorporou o olhar sistêmico, interdependente e de corresponsabilização, colocando-os em prática.

*Entrevista com **Gislaine Cristina Zuchini do Amaral**, orientadora educacional da EMEF Caio Prado Jr.*

Como as práticas de Justiça Restaurativa influenciam o seu viver e o seu fazer profissional?

Segundo consta, o físico Albert Einstein um dia teria proferido que uma mente que se abre jamais retorna ao estado original. É assim que me vejo após a realização da formação em Justiça Restaurativa. Eu me sinto mais próxima das pessoas, disposta a ouvi-las e a direcionar para que resolvam seus conflitos causando o menor impacto possível, resgatando valores que conduzam a um tempo harmônico e de paz, levando os conceitos para minha vida pessoal, profissional e nas situações cotidianas.

Você vivenciou alguma situação em que os conceitos da Justiça Restaurativa foram essenciais para a resolução de algum conflito?

Com certeza. Um bom exemplo foi um conflito que envolveu questões familiares e desavenças entre quatro alunas do nono ano que havia causado o afastamento de uma delas da unidade escolar. Convoquei, por meio dos pais, uma reunião munida de um desabafo e "pedido de socorro" por parte da aluna em WhatsApp, que relatava situações de angústia e medo, as quais, sem intervenções, poderiam levá-la ao suicídio. Na ocasião, foi necessário um trabalho de orientação familiar muito bem direcionado uma vez que o sr. A (genitor) não admitia a ideia de que a filha poderia estar correta em relação às exigên-

cias impostas a ela. Não obstante, a menina foi separada do grupo das amigas devido ao fato de o pai tê-la inscrito como jogadora de vôlei em time oficial e de exigir rotina exaustiva de treinamento e fazendo com que o tempo dedicado aos estudos fosse reduzido, sobrando pouquíssimo tempo para as amizades e para a vida social.

Ao mesmo tempo, traçamos em conjunto nova rotina para que ela pudesse frequentar as aulas novamente, continuasse frequentando os treinos e, ainda, propusemos nova reunião com as colegas de classe que a teriam ofendido e vice-versa para que pudessem reestabelecer contato, perdoar eventuais falhas e ajudá-la a se tornar mais confiante e a voltar a amar a vida. Uma das alunas, ao final da formatura, me disse que, quando crescer, gostaria de ser metade do que sou, uma vez que eu a teria feito voltar a sorrir. Esta foi minha maior recompensa.

O que mais gostaria de compartilhar com uma experiência enriquecedora?

Como orientadora educacional as situações ficam melhor esclarecidas quando se pode usar a Justiça Restaurativa como instrumento. Além da situação relatada, posso descrever inúmeros conflitos, tais como bullying, excesso de autoridade de mãe para com o amigo do filho, situações de rua e meios sociais que reverberam na vida escolar, entre outros. Para mim, é altamente viável que outros recebam a formação para que realmente se instaure a cultura de paz. A quem aplica fica não somente a sensação de ter cumprido com o dever, mas a sensa-

ção de saber que o assunto foi devidamente resolvido. Sobretudo, o conflito deixa de existir e as pessoas envolvidas superam seus traumas e desacordos, passando a administrar mais naturalmente ranços e entraves que os impediam de prosseguir.

Como se pode perceber nas respostas acima, Gislaine observa que nossa mente está em movimento e aberta para a transformação, fala da mudança de crenças e paradigmas, da importância da relação, da disponibilidade para ouvir o outro para recuperação de sua autoestima, empoderamento e autonomia, da corresponsabilização e da ampliação da visão para ir além do problema e compreender suas raízes. O que, no caso concreto, ocorreu ao ouvir a família da adolescente e perceber que seu afastamento escolar se deu quando ela passou a participar de um time oficial, o que a impedia de seguir em suas atividades cotidianas perdendo, com isso, o contato social e suas referências, isolando-se e ficando angustiada. Esse afastamento não foi bem visto pelas amigas, que se sentiram desvalorizadas, julgaram e condenaram a atitude de sua colega, havendo o conflito e a ruptura nas relações.

A partir de uma análise cuidadosa das questões, todos puderam ampliar o olhar e perceber que, de alguma forma, contribuíram para a situação existente, o que permitiu a colaboração na construção de um plano para resolução das questões. Com a família para a organização de horários de rotina, com as amigas uma conversa para o entendimento da situação, permitindo ir além do conflito, conhecer suas causas, recuperar as relações e reparar os danos.

Este trabalho foi para além das pessoas diretamente envolvidas no conflito, ampliou para as redes sociais e comunitárias, convidando as pessoas a entenderem o que estava acontecendo em suas vidas e decidir como lidar com isso, trouxe também as etapas de um processo restaurativo, que inclui a fala de todos, permite a reflexão, e a expressão das questões. Para isso, é preciso decisão e coragem, um agir consciente em direção a uma construção coletiva com um foco comum, onde todos os saberes têm seu lugar. Esta atuação restaura relações, reconstrói o senso de pertencimento e comunidade. Porém, ela só ocorre quando todos têm voz e se permitem falar do que verdadeiramente os afeta.

A filósofa Hannah Arendt define a violência como um agir *sem argumentar*, traduz como *o império do silêncio*. Ou seja, onde quer que a violência domine de forma absoluta, tudo e todos devem permanecer em silêncio.

Nossa cultura evita as discórdias, os desentendimentos, as controvérsias, o que acaba gerando a noção de paz negativa, quando, na verdade, esta postura de colocar as coisas "embaixo do tapete" não representa a paz, muito ao contrário, a contenção dos problemas e emoções pode se transformar em uma "guerra fria" ou explodir em ações de violência.

Continua Hannah Arendt: "Quando a palavra não é possível, a violência se firma e a condição humana é negada (Da Revolução, p.195). Nesse sentido, a reversão e a alternativa à violência passam pelo resgate e devolução do direito à palavra, pela oportunidade de expressão das necessidades e reivindicações do sujeito, pela criação de espaços coletivos de discussão, pela sadia busca do dissenso e da diferença. [8]

A experiência relatada por Gislaine e as citadas a seguir por Angelita e Renata confirmam a necessidade de espaços de diálogo que comportem a razão e a emoção e permitam a expressão de múltiplas vozes em busca de soluções.

Angelita foi nossa aluna em 2011, quando estava como psicóloga social do CRAS (Centro de Referência de Assistência Social), onde incorporou a postura e as metodologias restaurativas em sua prática profissional para benefício de todos.

*Entrevista com **Angelita Alves Pavão,** psicóloga social.*

Como as práticas de Justiça Restaurativa influenciaram seu viver e seu fazer profissional?

Elas ampliam as possibilidades de resolução de conflitos, evitando, assim, atingir o grau que necessite intervenção jurídica. Chegamos a um nível elevado de dependência dos Tribunais de Justiça, que se encontram atolados com situações que poderiam ter sido resolvidas a partir do exercício do "pensar mais" e do "ouvir mais". As práticas de Justiça Restaurativa pro-

8 Texto de Hannah Arendt "Da Revolução", publicada no ano de 1962. A partir da oposição entre violência e palavra, qualifica a violência como "um fenômeno marginal no campo político; pois o homem, na medida em que é um ser político, está dotado do poder da fala" (DR, p. 15-16), a violência é definida como o agir sem argumentar e o império do silêncio: "onde quer que a violência domine de forma absoluta, como por exemplo, nos campos de concentração dos regimes totalitários, não apenas as leis – les lois se taisent - mas tudo e todos devem permanecer em silêncio" (DR, p. 195).

curam resgatar o que deveria ter sido mantido como grande potência da natureza humana: a capacidade de superarmos os conflitos de forma respeitosa e responsável.

Você vivenciou alguma situação em que os conceitos de Justiça Restaurativa foram essenciais para a resolução de algum conflito?

Sim, no acompanhamento de famílias em situação de vulnerabilidade social, entre os recursos disponíveis, os conceitos de Justiça auxiliaram a encaminhar diferentes situações nas quais estavam em pauta diversos interesses e pontos de vista. Ou seja, a quase totalidade das situações que vivenciamos. Lembro-me de um caso específico referente aos cuidados de uma pessoa idosa. O conflito estava relacionado à exigência de quitação de uma dívida junto à instituição que prestava assistência à família, como condição para continuidade da permanência da pessoa idosa. Depois de conversar com as partes envolvidas (familiares da pessoa idosa, representante da instituição de acolhimento, representante do Conselho Municipal do Idoso e a própria pessoa idosa), compreendendo e avaliando cada ponto de vista, propus um encontro para que se discutissem soluções viáveis. A conversa foi tensa, longa e trabalhosa, porém pôde-se chegar ao encaminhamento razoavelmente satisfatório para todas as partes, sensibilizando para a prioridade na discussão: o bem-estar da pessoa idosa. As partes conseguiram passar de uma dinâmica caótica de disputa e acusação mútua para uma dinâmica de cooperação com objetivo comum. Foi lindo assistir ao processo! Reitero, foi trabalhoso, no entanto, muito enriquecedor.

Estes relatos vivos, promovendo a mudança na vida das pessoas que tem como foco comum o bem-estar de um ente querido, nos enche de esperança na construção de novas possibilidades de atuação que as empodere e as corresponsabilize, abrindo espaços de diálogo seguros onde as questões possam ser trazidas e validadas. E soluções possam ser construídas pelos próprios envolvidos como foi neste relato, pois as partes são as maiores conhecedoras de suas realidades e de suas necessidades e, portanto, as mais aptas a encontrar caminhos que deem atendimento ao que precisam. A construção conjunta promove responsabilidade na manutenção dos planos de ação construídos, restaurando pertencimento, colaboração e autonomia.

Como bem salientou Angelita, o processo circular restaurativo em situações de conflito normalmente ocorre quando os tecidos sociais estão esgarçados ou rompidos.

O trabalho realizado busca "costurar" este tecido, o que ocorre com a escuta, a reflexão, a empatia e a percepção de que todos somos seres humanos complexos com histórias, falhas e potencialidades. Este resgate se dá por meio da polifonia, onde os diálogos possibilitam o resgate do lugar de cada um, conhecer os diferentes e saber como agir com o outro, criando zonas de possibilidades. No caso relatado fica evidente a importância da construção de um objetivo comum, o bem estar de um ente querido, para a mudança de olhar competitivo para colaborativo, da busca de culpados e troca de acusações para a procura de soluções conjuntas.

Experiência similar viveu Renata Tavares Pimentel, que foi nossa aluna em 2011, quando atuava como assistente social do CRAS (Centro de Referencia de Assistência Social), e que permanece atuando na rede de Barueri e deste lugar participou em processo restaurativo.

Renata Tavares Pimentel - Assistente Social do CRAS Jardim Belval em Barueri.

Como as práticas de Justiça Restaurativa influenciam o seu viver e o seu fazer profissional?

A Justiça Restaurativa contribui na prática da mediação de conflitos por meio de um diálogo horizontal entre as partes envolvidas, participação da rede de serviços, escuta qualificada, acolhimento desprovido de julgamentos de valores, alinhando com isso ações que convergem para resolução das demandas expostas, favorece um posicionamento ampliado e significativo da problemática. Em um determinado caso que envolve, por exemplo, idoso ou criança em situação de negligência, além da rede de serviços que atende o caso, a escuta da família utilizando o Círculo restaurativo serve não só para expor a problemática de uma forma mais adequada como também estabelecer uma escuta qualificada de todas as partes envolvidas. Por meio das técnicas aplicadas propõe não só ações de mediação do conflito, como contribui para o fortalecimento de vínculos outrora desgastados ou rompidos.

Você vivenciou alguma situação em que os conceitos de Justiça Restaurativa foram essenciais para a resolução de algum conflito?

Sim. Vivenciei em um caso de bullying escolar. Uma jovem foi exposta no Facebook por um colega, classificada como uma das Top 10 da escola com outras nove colegas. A repercussão disso foi negativa e levou a família desta jovem a abrir um B.O. Em decorrência deste fato, o caso foi encaminhado à Justiça Restaurativa que, por sua vez, convocou os envolvidos e a rede de serviços para participarem do Círculo restaurativo. Logo as partes envolvidas chegaram a um consenso satisfatório, mediante combinados propostos que resultou na mediação do conflito.

O processo restaurativo propõe uma nova concepção de cidadania que nasce da necessidade de emancipação do sujeito aliada à sua capacidade de analisar sua realidade social e adotar posições frente aos acontecimentos para transformá-los. Não se trata aqui da cidadania legal ou concedida pelos direitos e deveres assegurados por lei, e sim em uma cidadania construída socialmente a partir da realidade, das necessidades e das possibilidades dos envolvidos.

No âmbito relacional, esta construção se dá por meio do diálogo e se torna possível a partir da assunção das corresponsabilidades, das consequências pelos atos praticados e resgate da humanidade e do papel de cada um. No âmbito social, ocorre com a ampliação do olhar em busca das raízes dos problemas, que muitas das vezes estão em questões de vulnerabilidade, drogadição, alcoolismo, doenças, pobreza, ausência de perspectivas etc.

Apuradas as raízes do problema, é possível olhar para frente, para a construção de planos de ação, incluindo a rede primária[9] para fortalecimento de vínculos, a rede secundária[10] para dar apoio e acompanhar os acordos firmados das mais variadas formas por meio de atendimentos psicológicos, atividades físicas, tratamentos médicos, fornecimento de cestas básicas, medicamentos, cursos profissionalizantes etc. E o compromisso dos atores institucionais para acompanhar e apoiar as ações previstas ou visando criar ações preventivas necessárias, como, por exemplo, a criação de frentes de trabalho para menor aprendiz, parcerias entre o poder público e setor privado, criando perspectiva de futuro para os jovens.

Tanto nos pré-círculos ou conversas individuais realizadas previamente, como no Círculo, onde todos envolvidos participam, a visão sistêmica possibilita compreender as raízes dos problemas e a criação de um plano de ação para atuar nas causas, que em sua execução necessita da rede, que assume o acompanhamento das ações necessárias de suporte

9. Lia Sanicola (2001)-Redes primárias ou de proteção espontânea. As redes primárias ou de proteção espontânea são aquelas que se organizam na perspectiva do apoio mútuo e solidariedade, como nas relações afetivas, de parentesco, de proximidade com amigos, vizinhos e nas relações entre os indivíduos de uma mesma comunidade. Essas formas de rede são tecidas no cotidiano, estimuladas pelas demandas de apoio, convivência e, frequentemente, passam despercebidas pelos sujeitos que nela se inserem e se relacionam.

10. Lia Sanicola (2001)- redes secundárias formais são as instituições, organizações e serviços.

e garantia de direitos, e do Grupo Gestor que dá apoio para que as ações se efetivem. Somente com esta atuação conjunta o trabalho poderá cuidar das causas e alcançar os resultados almejados.

É um processo que se dá no tempo, por meio de espaços dialógicos sigilosos e éticos, com acolhimento, escuta, respeito ao tempo da emoção, para que se possa compreender, refletir, planejar, apoiar, atuar, revisitar, redirecionar. Tais ações seguem na contramão da cultura do "fast food", onde são exigidas decisões rápidas e reações automatizadas, muitas das vezes sem a profundidade necessária para que as causas sejam verificadas e cuidadas.

Processo que tem como primeiro passo a construção de confiança e vínculos, como podemos observar no próximo depoimento de Monica Vieira de Araújo Franco.

Monica foi nossa aluna em 2012, quando estava como orientadora educacional da EMEF Professor Alexandrino da Silveira Bueno, onde deu início à disseminação das sementes restaurativas. Ela seguiu seu caminho em outros contextos espalhando as sementes restaurativas por onde passou, como poderemos ver em seu relato.

Monica - Psicóloga e Professora na Escola de Psicanálise e Linguagem corporal.

Como as práticas de Justiça Restaurativa influenciaram no seu viver e no seu fazer profissional?

A Justiça Restaurativa foi um grande marco, pois me auxiliou na resolução de vários conflitos por meio do Círculo, do objeto de fala, a voz que é representada por meio do respeito, a escuta sensível dos participantes e da multiplicação de saberes. O que aprendi no grupo da Justiça Restaurativa também levei para minha atuação como psicóloga em escolas nas quais fui convidada para palestrar e realizar trabalhos de conscientização com adolescentes com temas diversos. A importância de "dar a voz" é fundamental para que sentimentos e emoções sejam reveladas ou não, pois o silêncio também é uma forma de expressão e, muitas vezes, o corpo, o não verbal, fala mais que palavras.

Você vivenciou alguma situação em que os conceitos de Justiça Restaurativa foram essenciais para resolução de algum conflito?

Sim. Há três anos fui convidada por uma escola particular de freiras em Santo André para falar com uma turma do nono ano do Fundamental que apresentava uma certa apatia em relação ao estudos. Foi um único encontro de duas horas bem intenso. Fizemos um Círculo e passei o objeto de fala para que pudessem se apresentar e dizer o que estavam sentindo perante aquela situação, pois a exigência da escola com relação às disciplinas estava causando um sentimento de desistência dos estudos. Eles iriam apresentar um TCC com temas diversos de conclusão do ciclo do Ensino Fundamental II e isso estava causando um conflito imenso na turma toda. O encontro foi formidável. Cada um pode falar, à medida que se sentiam confortáveis comigo, de suas angústias, sonhos, frustrações e expectativas. Deram voz às suas emoções e sentimentos, pois a proposta da escola ao me chamar foi para esse fim. Ao final das duas horas estavam mais aliviados e mais reflexivos, podendo pensar sobre si e sobre suas futuras ações. Esse evento foi em maio de 2015 e, para minha surpresa, fui convidada a participar da bancada de avaliação do TCC dessa turma, o que me surpreendeu bastante. Aqueles que pouco falaram estavam sendo destaque em postura, comunicação e desenvoltura na apresentação desse trabalho. Fiquei muito feliz por ter aplicado a técnica de Justiça Restaurativa e, assim, facilitar a promoção do autoconhecimento, reforçando as potencialidades de cada um no melhor que poderiam fazer para si. Foi emocionante presenciar e participar da transformação nessa turma. Após esse evento, uma aluna que pouco falou quando estive em sua sala, me procurou por indicação da coordenadora da escola para iniciar psicoterapia e está comigo até hoje. Sinto- me privilegiada em ter participado da Justiça Restaurativa em Barueri por meio da Heloise e da Monica, as quais nos apresentaram essa forma fantástica de lidar com conflitos em várias nuances do relacionamento Humano podendo em conjunto, nos ajudar mutuamente".

Este relato reforça a importância de um olhar cuidadoso, com tempo e atenção necessários para que as questões sejam aprofundadas até suas raízes, o que ocorre em relações de confiança e respeito, quando nos sentimos protegidos para que nossos sentimentos e inquietações tenham voz.

Para Kay Pranis[11] "estamos todos ligados e somos interdependentes (Processos Circulares, p.42), esta visão sistêmica[12] difere da visão de culpado e inocente, certo e errado ou o lugar de dono da verdade ou de quem sabe o que é melhor para o outro. Ver-se como parte envolvida na questão é um passo fundamental para a transformação, que pode ocorrer

---

11. Kay Pranis faz treinamentos e escreve sobre Círculos de Construção de Paz e Justiça Restaurativa. Ela trabalhou como Planejadora de Justiça Restaurativa no Departamento de Correções do Estado de Minnesota de 1994 a 2003. Desde 1998, Kay vem conduzindo treinamentos de Círculo nas mais diversas comunidades - desde escolas, prisões, locais de trabalho, igrejas e famílias, de comunidades rurais em Minnesota até o South Side da cidade de Chicago, de Montgomery, no Alabama, à Costa Rica. Ela escreveu numerosos artigos a respeito de Justiça Restaurativa e o Pequeno Livro de Processos Circulares: Um Novo/Antigo Enfoque à Construção de Paz, e é coautora de Peacemaking Circles: From Crime to Community (Círculo de Construção de Paz: do Crime à Comunidade).

12. Margaret J. Wheathey descreve em sua obra Leadership and the New Science(Liderança e a Nova Ciência) que levou um século para a passagem de uma compreensão newtoniana do Universo para uma compreensão quântica fosse incorporada ao pensamento sobre os relacionamentos humanos e sobre as organizações da sociedade ocidental. Diz ela:" Cada um de nós vive e trabalha em organizações concebidas a partir de uma visão newtoniana do Universo(..)segundo a qual as coisas podem ser desmanteladas , dissecadas literal ou simbolicamente (como temos feito com as funções empresariais ou as disciplinas acadêmicas) e depois remontadas sem perdas significativas. O pressuposto é que, depois de compreender o mecanismo de cada parte, podemos compreender o todo. O modelo newtoniano do mundo é caracterizado pelo materialismo e reducionismo- com foco em coisas e não em relacionamentos."
Em seguida Wheatley faz a comparação com a visão quântica: "A visão de realidade quântica conflita com a maioria de nossas ideias sobre a realidade (...)Trata-se de um mundo onde o relacionamento é a chave determinante daquilo que observamos (...) As partículas surgem e são observadas apenas quando se relacionam. Elas não existem como "coisas" independentes(...). Estas conexões invisíveis , entre elementos antes vistos como separados, são os elementos fundamentais de toda a criação" (p.43-processos Circulares- Kay Pranis).

tanto em respostas às situações de violência ou em ações preventivas que visam construir contextos de confiança, onde os conflitos, inerentes às relações humanas, são acolhidos e resolvidos, para que não precisem se expressar por meio de violência.

A criação deste espaço seguro se dá por meio da palavra, onde expressamos mesmo que inconscientemente os valores que carregamos na construção da relação com o outro, assim a importância de nossa revisão e transformação pessoal.

Cientes que é um processo paulatino de transformação pessoal e relacional, como nos conta Carina Fogaça Morais de Oliveira, que foi nossa aula em 2012, quando estava como diretora da EMEF Professora Maria Elisa Bueno Couto Chaluppe e atualmente está como Supervisora de ensino da Secretaria de Educação em Barueri.

*Entrevista com **Carina Fogaça Morais de Oliveira**, Supervisora de ensino da Secretaria de Educação em Barueri.*

Como as práticas de Justiça Restaurativa influenciam o seu viver e o seu fazer profissional?

As práticas da Justiça Restaurativa influenciaram de modo muito positivo tanto na vida pessoal como na profissional. A partir das práticas vivenciadas e aprendidas foi possível, enquanto gestora, ter um olhar mais sensível aos conflitos vivenciados na escola e a partir daí, em parceria com alunos, professores e pais desenvolver o ato do ouvir e juntos encontrar caminhos para possíveis soluções. É possível definir as práticas da Justiça Res-

taurativa como um elemento essencial para o desenvolvimento de restaurações nas relações, neste caso, no ambiente escolar.

Você vivenciou alguma situação em que os conceitos da Justiça Restaurativa foram essenciais para a resolução de conflitos?

Sim, vivenciei muitas situações em que os conceitos da Justiça Restaurativa foram essenciais na resolução de conflitos, muitos em sala de aula entre os próprios alunos. E diante dos fatos apresentados, como xingamentos entre alunos, gritos entre professores e alunos, total desrespeito entre todos, foi possível aplicar as técnicas. É sabido que os resultados não são imediatos, como não foram nesse caso, que trata-se de um nono ano. Porém, já é possível perceber uma pequena mudança, principalmente quando os envolvidos se reconhecem como parte "culpada" do processo e, ao mesmo tempo, como elemento essencial para as possíveis mudanças. Um dos pontos que mais me chamou atenção, quando participei da formação, e que tenho como primordial no processo de relação com o outro é o tom de voz calmo e tranquilo para me dirigir às pessoas, principalmente na resolução dos conflitos. E é na escola que todos os conflitos possíveis e imagináveis tornam-se visíveis. Sendo assim, ter o cuidado de falar e a sensibilidade de ouvir, humaniza e torna possível restaurar as relações.

Carina reforça a importância da humanização das relações e a necessidade do ouvir e ampliar as possibilidades de atuação de Justiça Restaurativa no contexto escolar, onde os processos circulares podem ser utilizados para que os alunos percebam que podem criar um ambiente seguro em sala de aula onde fiquem a vontade para se expressar e liberar sua energia criativa.

Na avaliação realizada em 2012/13, um dos itens apontados pelas escolas participantes foi que "a comunidade escolar apontou como principais resultados desta nova forma de relação: a melhora nas relações, mais respeito mútuo, um ambiente mais seguro, mais confiança, mais disciplina e calma para a resolução do conflito. Outro ponto importante percebido foi a consciência da interligação e interdependência da rede de serviços".

Porém, como salienta Carina, a transformação e os resultados se dão por meio de um processo onde transitamos entre o novo e o velho paradigma de forma natural, como um ritual de passagem que se consolida por meio da reflexão e avaliação constante sobre a prática, reconhecendo as potencialidades e os desafios a serem superados.

Esta passagem pode ser percebida no relato do professor de artes Luciano, que foi nosso aluno em 2012/13, quando lecionava na EMEF Professora Maria Elisa Bueno Couto Chaluppe. Ele pode ressignificar seu papel como professor de artes, identificando em suas práticas diárias muitos elementos da Justiça Restaurativa.

Luciano Pereira da Silva, *professor de Informática em Barueri e de Arte em Santana de Parnaíba. Ele atua nas duas redes municipais de ensino desde 2012.*

Como as práticas de Justiça Restaurativa influenciam o seu viver e o seu fazer profissional?

A Justiça Restaurativa veio nomear práticas que já faziam parte da minha vida pessoal e profissional. Sou arte-educador e, antes da minha formação acadêmica, atuava como músico com participações em festivais de música popular, espaços culturais, saraus e grupos amadores de teatro. Parte da minha formação profissional na área da educação também se deu durante o período no qual cursava a faculdade à noite e, durante o dia, atuava como agente de organização escolar (inspetor de alunos) em uma escola estadual na cidade de Carapicuíba, na Região Metropolitana de São Paulo. Nessa época, intuitivamente, mediava conflitos, pois a atuação exigia a resolução de várias situações, tanto dentro como fora da sala de aula. Na faculdade de Arte pude ter acesso a informações que se transformaram em conhecimento. Um deles foi a descoberta da importância das relações interpessoais outra, o estudo sobre inteligências múltiplas. Ou seja, os vários tipos de inteligências, muitas vezes não valorizadas pela comunidade escolar, pois, ainda hoje, o foco está na leitura e interpretação de textos, e a solução de problemas matemáticos básicos. A Arte, porém, possibilita esta apreciação das demais habilidades dos seres humanos, principalmente dos que estão em formação, como é o caso dos educandos participantes do Ensino Fundamental II, nossos adolescentes. Portanto, o Curso de Formação sobre a

Justiça Restaurativa me deu a oportunidade de ampliar e nomear práticas, que, por conta da Arte, já faziam parte das atitudes profissionais ligadas à minha área de atuação: vivência e convivência com a diversidade que os seres humanos apresentam. A Justiça Restaurativa propõe a humanização das relações, além do âmbito escolar, avançando para a comunidade envolvida, transformando gradualmente a sociedade.

Como as práticas de Justiça Restaurativa influenciam o seu viver e o seu fazer profissional?

Um exemplo verídico: aluno do Ensino Fundamental II (sétimo ano), utilizando celular em sala de aula. Como professor, primeiro orientei, por meio de diálogo, que não poderia utilizar aquele aparelho durante a aula. Eu pedi que me entregasse dizendo que, no final da aula, devolveria. Antes de findar a aula, o aluno, de forma agressiva, quis recuperar o aparelho celular à força, impedindo, inclusive, a passagem do professor pela porta. Eu o orientei a não encostar a mão em mim, pois ele estava sendo agressivo e teríamos que conversar com a direção. Após toda confusão nos corredores da escola e a intervenção de inspetores e colegas professores, o aluno foi chamado à sala da direção. Nesse dia, por coincidência, o Conselho Tutelar estava na escola. O vice-diretor me aconselhou a abrir um boletim de ocorrência contra o aluno. Logo em seguida, chegaram a mãe (responsável pelo aluno) e seu irmão mais velho. Todos entenderam a gravidade da situação, pois houve agressão, já que ele tentou arrancar o aparelho das minhas mãos. Primeira atitu-

de que tomei foi acalmar a mãe e dizer que eu estava ali para ajudar o filho dela, e não para condená-lo. Pois as dificuldades da vida já eram suficientes para penalizar meu aluno (pois não tinha mais a referência de pai) e que a solução era esgotar todas as formas de diálogos e orientações. Além disso, eu disse que para empurrar para o fundo do poço já havia muitos. Minha função ali era estender a mão para retirá-lo de lá. Segunda, procurei ouvir todos ali presentes - direção, conselho tutelar, mãe do aluno e o próprio aluno - com muita calma. Mas não abri boletim de ocorrência e orientei a mãe. O aluno foi suspenso por alguns dias. Depois, no seu retorno, demonstrou-se um pouco mais tranquilo e não incorreu no mesmo erro. No dia em que conversamos, sua mãe e seu irmão mostraram-se agradecidos com minha postura em ouvi-los e orientá-los. Momento difícil, superado pela valorização do diálogo e da humanização das relações.

A Justiça Restaurativa propõe uma mudança de postura na vida pessoal e profissional com uma revisão de papéis relacionais, institucionais e sociais. É uma tarefa complexa, que exige a desconstrução de posições de poder, de reconhecer o saber do outro, de incluir saberes e experiências diferentes que se complementam.

A primeira mudança que se propõe é o olhar sem julgamento, a abertura para conhecer um ponto de vista diferente, que, muitas das vezes, pode mudar as relações professor/aluno, pais/escolas, pais/filhos.

Podemos observar no relato do caso um caminho sendo percorrido entre o paradigma da punição para a corresponsabilização onde se faz presente a compreensão e valorização das relações humanas, percebendo a importância de nossas construções relacionais no dia a dia, inclusive na aprendizagem em sala de aula.

Segundo Belinda Hopkins[13]- O ouvir é o primeiro passo para que uma escola se torne restaurativa, o que também foi percebido por Matheus em suas práticas como facilitador em processos circulares.

Matheus de Andrade, 14 anos, participou do projeto em 2012/13, quando estudava na escola EMEF Armando Cavazza, iniciando suas práticas processos circulares com seus pares na escola onde estudou e em outras escolas para as quais passou a ser convidado. Hoje, Matheus tem 18 anos e atua como facilitador junto ao Núcleo de Justiça Restaurativa em Barueri.

Matheus de Andrade Sousa, *18 anos*

A Justiça Restaurativa me abriu uma porta

"O primeiro contato que tive com a Justiça Restaurativa foi em 2011, quando eu cursava o sexto ano do Ensino Fundamental na EMEF Armando Cavazza. Naquela época, a orientado-

13. Belinda Hopkins é diretora do Instituto "Transforming Conflict" e pioneira na aplicação dos princípios restaurativos no contexto escolar no Reino Unido. No final dos anos 1990, criou o primeiro curso de formação em técnicas de restauração desenvolvidas especificamente para os professores e conhecida pelo seu livro "Just Schools" (2004).

ra Fabiana Santana falou sobre essa prática em uma reunião do Centro de Aperfeiçoamento dos professores (CAPE), que oferecia a capacitação para professores da rede. Como achei o trabalho muito interessante, algum tempo depois pedi uma oportunidade para também fazer o curso de capacitação, que concluí em abril de 2013, quando eu tinha quase 16 anos. Ter esse conhecimento foi muito importante para mim, pois me ajudou muito. Na verdade, a Justiça Restaurativa foi fundamental para que eu tivesse uma oportunidade para me reconstruir. Quando eu entrei no Armando Cavazza eu sofri muito bullying. Foi um período difícil. Minha sala de aula era considerada a pior da escola. Havia muita discussão, muita briga, o ambiente era ruim. Eu não gostava de ir para a escola. Com o passar do tempo, eu quis aprender sobre Justiça Restaurativa para ajudar meus amigos. Eu sentia que ela tinha esse poder de transformar as coisas, construir pontes... Durante esse período eu tive muito apoio, mas, mesmo depois de ter feito a capacitação, demorei um pouco para conduzir meu primeiro Círculo. Eu me lembro que o tema era sobre o que nós, alunos, podíamos fazer para que nosso ambiente na sala de aula fosse melhor. Foi complicado, gerou mais briga, mais discussão. Eu não consegui conduzir. Muitos alunos não gostaram da presença de professores. Foi complicado. Mas, com o tempo, as coisas foram melhorando. Eu fiz um workshop para aprender outras técnicas e fui me sentindo mais seguro. Depois, houve outros Círculos. Primeiro, com seis ou sete alunos. Depois, com 25 ou 30, sem nenhuma autoridade em sala de aula. Conseguimos fazer seis ou sete Círculos. Não foi fácil. Deu muito traba-

lho, claro, mas valeu super a pena. Tentei atuar como um bom mediador. Desenvolvemos um processo de responsabilização, colocamos um plano de ação em prática, montamos projetos... Num certo dia, um dos alunos presentes, que era considerado 'problema,' pediu a palavra: 'Matheus, muito obrigado por me ouvir, por ter me permitido falar. Ninguém nunca havia me ouvido antes. Já fui expulso de uma escola. Obrigado mesmo.' Com o tempo, e com o apoio da direção, percebemos naquela sala uma transformação completa, as notas até começaram a subir. Depois, o sucesso dessa iniciativa se espalhou pela escola e me chamaram para conduzir esse trabalho com outras turmas. Foi muito bacana. Levo o conhecimento que aprendi nesse trabalho para minha vida pessoal. A Justiça Restaurativa me abriu uma porta. Acabei o ensino médio e pretendo estudar Direito. No futuro, quero trabalhar novamente com a Justiça Restaurativa, que é apaixonante.

Como os demais participantes, Matheus teve outras experiências em processos circulares que em muito enriqueceriam este livro. Porém, diante da necessidade de incluirmos falas de diferentes contextos, decidiu compartilhar sua experiência de quando não queria mais ir à escola por sofrer *bullying* em sala de aula e utilizou o que aprendeu com a Justiça Restaurativa para resolver essa questão e outras. Seu relato demonstra que fez tentativas em processos circulares iniciais que não foram bem sucedidas, mas não desanimou, foi aprendendo e se aperfeiçoando.

É importante perceber que por ser um processo vivo e pulsante, visto que estamos lidando com as pessoas em suas relações, ocorrem situações inesperadas para as quais não há fórmulas. O único caminho é seguir praticando e se aperfeiçoando, como faz Matheus.

Falando em situações inesperadas e persistência, neste trajeto nos deparamos com uma pessoa que é uma grande lição de vida para todos, Maria Zélia Porfírio, pois mesmo tendo uma carreira consolidada na educação, diante do novo não teve medo de ousar, de se lançar e "virar a mesa", construindo novas perspectivas em sua vida e na vida de todos que puderam conviver com sua gestão na EMEF Rita de Jesus, uma escola com mais de 1.350 alunos, situada em um dos bairros classificados como "vulnerável".

*Depoimento de **Maria Zélia Porfírio de Deus**, aposentada, após mais de 30 anos trabalhando em escolas de redes públicas tanto estadual como municipais. Entre 2001 e 2016 foi diretora da EMEF Rita de Jesus, em Barueri.*

"Em toda minha carreira como educadora sempre tive um espírito de acolhimento muito forte. Em várias ocasiões, nas escolas onde trabalhei, os chamados "alunos problema" eram encaminhados para mim assim como alguns funcionários também. Por isso, em 2011, quando eu soube que a Secretaria de Educação de Barueri promoveria um curso de capacitação em Justiça Restaurativa, logo me interessei. O curso veio a calhar por que eu estava precisando fazer alguma coisa que me

desse um norte, um rumo, já que, na época, a EMEF Rita de Jesus, localizada no bairro Imperial, reunia muitos casos complicados relacionados à violência, tráfico de drogas, entre outros problemas.

A escola era grande. Reunia, nos três turnos, mais de 1.350 alunos, 50 professores e 20 funcionários. No começo foi difícil. Encontrei bastante resistência. É difícil quebrar paradigmas. Nunca conseguia começar o trabalho. Até que, num dado momento, vi que chegara a primeira oportunidade. E, com a ajuda da orientadora Maria do Carmo, resolvemos colocar a teoria em prática. Foi incrível. Foi como se abrisse uma nova janela naquela escola. Depois desse dia, não paramos mais. Alguns educadores e professores também passaram a se envolver mais, o que ampliou bastante nossas possibilidades. Organizávamos Círculos com os professores a cada 15 dias. O mesmo ocorria com os alunos. Em pouco tempo percebemos como o uso das técnicas restaurativas passaram a trazer bons resultados na escola. A seguir, envolvi também os pais dos alunos. Com o tempo, os impactos da Justiça Restaurativa contribuíram de forma acentuada para transformar o ambiente da escola e tudo a seu redor. Com certeza, foi uma experiência sensacional, única, que deixou muitos frutos na escola. Até hoje, quando encontro ex-colegas e alunos, eles lembram dessa época como um momento especial. Uma de nossas principais conquistas foi o progresso que obtivemos com um aluno, que, antes, demonstrava muita rebeldia, batia em todo mundo, além de ser usuário e traficante de drogas. Após um longo trabalho e vários Círculos, conseguimos que ele mudasse totalmente. Vejo essa como nossa maior bandeira".

Ao entrar em contato com a Justiça Restaurativa, Zélia decidiu implementar práticas com apoio da gestão, professores e comunidade escolar, pais e alunos, visando promover mudanças no ambiente escolar e em seu entorno, demonstrando como é possível com o envolvimento de todos transformar-se e transformar vidas, tornando o "impossível" em nada mais do que " um possível que não era conhecido". Zélia e sua equipe promoveram mudanças do "poder sobre" para o "poder com", da "lógica da corresponsabilidade e das consequências" em vez da "punição", validando sentimentos e o senso de pertencimento. A notícia é que este trabalho hercúleo transformou a escola em uma verdadeira escola restaurativa, o que certamente mudou a vida de muitos, inclusive daquele que, como citado pela própria Maria Zélia, era visto como "rebelde" pela comunidade escolar.

Este desafio de mudança paradigmática está presente em todos os contextos. Vejamos o que fala o Dr. Luís Roberto Jordão Wakim, Promotor, e um dos que abraçou o sonho da Justiça Restaurativa desde seu início no Munícipio de Barueri.

Luís Roberto Jordão Wakim, *Promotor de Justiça de Barueri*

Quando as pessoas se percebem protagonistas, elas se corresponsabilizam

"Meu primeiro contato com a Justiça Restaurativa ocorreu em meados de 2010, quando assisti a uma palestra sobre o assunto em um evento direcionado aos profissionais da rede

municipal de ensino de Barueri. A partir desse momento comecei a me interessar mais pelo tema. Depois, em 2011, algumas escolas começaram a participar das capacitações. No início, foram poucas. Mas, paulatinamente, até meados de 2014, esse número foi aumentando e algumas práticas de Justiça Restaurativa passaram a se tornar mais comuns e, com certeza, tiveram um impacto muito relevante para algumas escolas. Isso fez com que Barueri, ao usar técnicas da Justiça Restaurativa, mostrasse caminhos para resolver os conflitos diferentes da maneira tradicional. E isso dentro do ambiente escolar foi uma experiência muito rica, pois mostrou à comunidade que os problemas podem ser resolvidos pela própria comunidade. No entanto, após a troca de governo, percebemos que não houve um envolvimento muito forte da Secretaria de Educação e o projeto se enfraqueceu um pouco. Até que em 2017 a Juíza Daniela Nudeliman nos chamou para uma reunião demonstrando interesse em retomar o projeto. Então, junto com dr. Egberto de Almeida Penido e dr. Marcelo Salmaso decidimos formatar esse novo trabalho. Outras pessoas também aderiram, como o Juiz da Infância. Estamos começando a formar um núcleo dentro da Vara da Infância da Juventude de Barueri. Queremos montar uma estrutura física, tendo até um centro de mediação no Tribunal. Nosso objetivo é fazer com que alguns conflitos, envolvendo, por exemplo, questões escolares ou familiares, uso de substâncias psicoativas ou violência doméstica, sejam solucionados antes de serem levados a uma delegacia para lavrar ocorrência. Talvez a população estranhe um pouco, pois está muito acostumada a esperar a palavra final de um Juiz. Mas, quando as pessoas se percebem protagonistas desse processo, elas se corresponsabilizam".

Neste depoimento, percebemos o alinhamento com o protagonismo que se busca com a Justiça Restaurativa que nos liberta, devolvendo-nos o poder de decisão como agentes de mudança da própria história.

A retomada do trabalho ocorreu após a Institucionalização da Justiça Restaurativa pela resolução 225/2016 do Conselho Nacional de Justiça, que previu a criação de Núcleos de Justiça Restaurativa para atendimentos de casos da Vara da Infância e Juventude. A instauração do Núcleo de Justiça Restaurativa de Barueri se deu no dia 21 de junho de 2017, prevendo inicialmente o atendimento de casos envolvendo situações familiares ou escolares, violência doméstica e uso de psicotrópicos.

Podemos perceber pelas respostas e depoimentos que a proposta é de desconstrução de paradigmas e dinâmicas de poder milenares, arraigados em nossa sociedade, aliados ao fato de haver muito desconhecimento sobre o tema, o que resulta em crenças errôneas de que a Justiça Restaurativa seria "passar a mão na cabeça".

Quando, na verdade, o que vemos na prática é que se trata de mudanças relacionais, institucionais e sociais que começam pela mudança pessoal, pois exigem outra postura das pessoas, que antes terceirizavam suas questões, para uma postura ativa de se colocarem frente a frente às próprias emoções e aos outros, para lidar com situações desafiadoras, despindo-se de cargos e posições e, assim implicados, construírem juntos um caminho. Tudo isso por meio de diálogos onde a linguagem é ao mesmo tempo meio e instrumento.

Nesta interação social que ocorre por e pela linguagem, proferimos discursos por meio da palavra que carrega nossas ideologias acumuladas dos valores sociais nos quais fomos constituídos e que estarão presentes na relação social entre "eu" e o "outro". A partir desta interação, podemos reproduzir ideologias ou construir novos sentidos, consciências e sujeitos.

Assim, além de compreender a metodologia, seus passos e fundamentos, é fundamental a consciência dos paradigmas nos quais fomos constituídos, sob pena, de inconscientemente reproduzirmos crenças e valores da cultura do julgamento, da desqualificação, da negação de direitos e da manutenção do poder "sobre ou para" o outro.

São muitas mudanças requeridas ao longo deste caminho. É gratificante saber que muitos passos vêm sendo dados no mundo e no Brasil e que participamos desta construção no Munícipio de Barueri, onde as sementes lançadas no projeto realizado entre 2011/13 estão germinando, cujos frutos podem ser percebidos nas experiências compartilhadas.

Agradecemos a todos que partilharam suas experiências e aqueles que participam da construção desta história que nos toca, transforma e permanece viva em nossos corações.

E, neste movimento constante, que muitos capítulos ainda venham a ser escritos a muitas mãos.

Mãos estas que nos presenteiam com uma poesia que de forma clara demonstra o caminho percorrido e nos inspira a seguir em frente:

RESTAURAÇÃO

O problema está posto.
O conflito, criado.
As relações, desgastadas.
O convívio, insuportável.
O olhar, desviado.
A escuta, obstruída!
Uma luz se acende!
A justiça se envolve.
A escola se abre.
Círculos são formados.
Formadores se propõem.
Relatos ecoam na trama da confusão.
O desequilíbrio emocional toma conta da razão.
O objeto de fala organiza as ideias.
Cada um ao seu tempo se apropria dela.
E a liberdade de expressão alivia a opressão.
O choro reproduz o sentimento sufocado.
O exercício da escutatória começa a fazer sentido.
A empatia ao outro se alia.
As possibilidades de diálogo se intensificam.
Os educadores se articulam.
As conquistas, enaltecem.
Na sala de aula, a arte de recriar nossas paisagens, florescem.

A ressignificação de restaurar o que se perdeu encontra novos caminhos
A fala se torna branda,
O olhar se tranquiliza,
A mediação se equilibra
A audição por fim começa ser restabelecida.
Etapas são concluídas
As ações deixam de ser figurativas.
E começam a desenhar o real significado
Da Justiça Restaurativa.

Carina Fogaça

REFERÊNCIAS BIBLIOGRÁFICAS

ARENDT, H. *Da Revolução.* São Paulo: Editora Moraes Editores, 1962.

GRECCO, A. et al. *Justiça Restaurativa em ação - Práticas e reflexões.* São Paulo: Dash, 2014.

HOPKINS, B. *The Restorative Classroom, Using Restorative Approaches To Foster Effective Learning.* Taylor & Francis LTD, 1999.

PRANIS, K. *Processos Circulares.* São Paulo: Palas Athena Editora, 2010.

ROSENBERB, M. B. *Comunicação não Violenta- Técnicas para aprimorar relacionamentos pessoais e profissionais.* São Paulo: Editora Agora, 2016.

SANICOLA, L . *As Dinâmicas de Rede e o Trabalho Social.* Editora Veras, 2015.

ZEHR, H. *Trocando as Lentes - um novo foco sobre o crime e a justiça*. São Paulo: Palas Athena, 2008.

ZEHR, H. *Justiça Restaurativa- da reflexão à ação.* São Paulo: Palas Athena, 2015.

BIBLIOGRAFIA DE APOIO

MELO, E.R. *Justiça restaurativa e comunitária em São Caetano do Sul: aprendendo com os conflitos a respeitar direitos e promover a cidadania.* Rio de Janeiro: Cecip, 2008.

_________ *Justiça Restaurativa e Educação Juvenil em Heliópolis e Guarulhos: parceria para a cidadania.* São Paulo: CEDHEP - Centro de direitos humanos e educação popular do Campo Limpo, 2014.

LIBERALI, F.C *Formação Crítica de Educadores: questões fundamentais. São Paulo: Pontes. 2015.*

NÓVOA, A. *Os professores e sua formação - A formação de professores e profissão docente.* Lisboa: Dom Quixote, 1992.

RIOS, J.A.V.P. A constituição do sujeito de linguagem entre "eu" e o "outro". *Revista FACED:* Bahia.

SCHON,D.A *Os professores* e sua formação - *Formar professores como profissionais reflexivos- publicações Dom Quixote, Lisboa: 1995.*

SICA, L. *Justiça Restaurativa e mediação penal: o novo modelo de justiça criminal e de gestão do crime.* São Paulo: Lúmen Júris, 2007.

KINCHELOE, J. L. 1997. *A Formação do Professor como Compromisso Político: Mapeando o Pós-Moderno.* Porto Alegre: Artes Médicas.

VYGOTSKI L.S. *Construção do pensamento e da linguagem.* São Paulo: Martins Fontes, 2001.

WACHTEL, Ted and Costello, Bob and Wachtel, Joshua (2009).*Reuniões de Justiça Restaurativa- Justiça Verdadeira e Guia de Reuniões Restaurativas.* Bethlehem PA: International Institute of Restorative Practices.

WACHTEL , Ted and Costello, Bob and Wachtel, Joshua (2009). Manual de Práticas Restaurativas para docentes, agentes disciplinadores e administradores de instituições de ensino. Bethlehem: International Institute of Restorative Practices.

WACHTEL, Ted and Costello, Bob and Wachtel, Joshua (2009).Círculos Restaurativos nas Escolas Construindo um senso de comunidade. Bethlehem PA: International Institute of Restorative Practices.

CAPÍTULO 2

SÃO JOSÉ DOS CAMPOS: UMA EXPERIÊNCIA INÉDITA E INOVADORA

Cristina Telles Assumpção, Dora Petresky, Mara Mello

Em 2010 teve início na Secretaria Municipal de São José dos Campos (SP) o Projeto Agentes de Mudança e Facilitadores de Práticas Restaurativas: uma Opção para Resolver Conflitos. Ao longo de quatro anos foram implantadas práticas de Justiça Restaurativa nas 46 escolas Municipais de Ensino Fundamental e Médio de São José dos Campos.

Nos dois primeiros anos do Projeto, duas ONGs - Centro de Criação de Imagem Popular (CECIP) e a equipe Justiça em Círculo do Mediativa Instituto de Mediação Transformativa - foram responsáveis pelas capacitações dos integrantes das escolas. No terceiro ano, a capacitação ficou sob a responsabilidade do CECIP. No quarto, a própria Secretaria Municipal de Educação deu continuidade às capacitações por meio do Núcleo de Educação para a Paz. Mas o Projeto não parou por aí, além de assessorias, capacitações de alunos e inclusão da Rede de Garantias dos Direitos da Criança e do Adolescente, as Escolas de Ensino Infantil também começaram a ser capacitadas. É este percurso de sete anos de trabalhos intensos que pretendemos compartilhar com nossos leitores.

Trata-se de uma experiência sem precedentes em nosso país, um modelo a ser seguido e um motivo de enorme orgulho de termos feito parte de uma história tão rica, desafiadora e bem-sucedida. Sabemos que muitos outros Municípios implementaram a Justiça Restaurativa em suas redes de ensino com resultados bastante positivos. Em São José dos Campos a continuidade e a constância do trabalho de qualidade possibilitaram a incorporação e a sustentabilidade das práticas restaurativas na rede municipal de ensino, desde o ensino Infantil até a Educação de Jovens e Adultos (EJA).

Historicamente, o ano de 2010 encerra a década da Cultura da Paz estabelecida pelas Organizações das Nações Unidas, constituindo um campo fértil para a propagação de ações diversas ao redor do mundo, entre elas, a Justiça Restaurativa. No Brasil, três projetos-piloto haviam disparado a implementação da Justiça Restaurativa e, mais especificamente no Estado de São Paulo, Justiça e Educação firmavam uma parceria a fim de tornar a Justiça mais educativa e a Educação mais justa.

Nesta mesma direção, a Secretaria Municipal de Educação de São José dos Campos foi contatada pela Vara de Infância e Juventude daquela comarca com o propósito de desenvolvimento de um Projeto voltado para o manejo de conflitos nas próprias escolas, prevenindo violências que podiam chegar às instâncias do Judiciário, bem como ampliar a possibilidade de trabalhar potencialmente a capacidade dos educandos e da comunidade escolar de resolver conflitos e fazer uso adequado da escuta e do diálogo, dentre outras habilidades.

A proposta ia de encontro ao momento da Secretaria Municipal, que vivia uma enorme preocupação com contexto de violência nas escolas somada a uma abertura política de seus gestores para a introdução de novos fazeres. Ou, melhor dizendo, havia a necessidade de busca de inovações capazes de atender às demandas cotidianas de pacificação social nas escolas. O cenário da época era constituído por sobrecarga tanto nas escolas como na Secretaria de Educação decorrente de tantas incivilidades, conflitos e violências. Educadores desmotivados e sem recursos para lidar com este contexto desolador, assim como alunos que pouco se comprometiam com sua própria educação.

Foi com o propósito de contribuir com a transformação deste cenário que nós, capacitadores, fomos chamados a pensar conjuntamente este Projeto e darmos início à sua implementação. Uma parceria muito promissora e bastante corajosa considerando o desafio em questão. Vivemos na prática um dos principais princípios restaurativos: a responsabilização coletiva.

Tínhamos a oferecer uma metodologia propícia ao enfrentamento das questões de conflito e violência de uma forma diferente daquela até então utilizada e que podia melhor atender à demanda da Educação com eficiência. A postura punitiva não resolvia as situações que se apresentavam e a terceirização das responsabilidades tampouco ajudava.

Soma-se a isto uma tomada de consciência importante neste momento da Educação: educar com foco na formação do cidadão, em suas habilidades de vida, investindo no protagonismo juvenil e no desenvolvimento de escolas empoderadas. Isto é, capazes de resolver suas próprias questões a partir de recursos próprios.

Antes de seguirmos com as especificidades do Projeto, é importante nos atermos um pouco às mudanças de enfoque que se deram na Justiça Restaurativa ao redor do mundo e, de forma similar, no Brasil. Em 2005, quando iniciamos, com os projetos-piloto, buscávamos capacitar facilitadores de Justiça Restaurativa para que pudessem lidar com situações de conflito e violência nos contextos comunitário, Judiciário e educacional. Os princípios e valores restaurativos norteavam a forma de resolução das mais diversas situações conflitivas.

Aos poucos, nós, capacitadores ao redor do mundo, fomos tendo a clareza que mais do que atuar de modo reativo, ou seja, após a ocorrência do conflito ou da situação de violência, era necessário promover e buscar desenvolver uma convivência colaborativa e respeitosa em nossos cotidianos. E, assim, procurar atuar de forma preventiva, ou seja, permeando os princípios e valores restaurativos na convivência diária, valorizando as relações colaborativas, respeitosas e focando sempre na responsabilização coletiva pelo bem-estar da comunidade em questão.

Embora esta pareça ser uma mudança básica, ela demanda toda uma transformação na metodologia e enfoque das capacitações, o que o Projeto de São José dos Campos soube fazer com eficiência, ainda que com grandes esforços e enormes desafios. Afirmamos com tranquilidade que a sustentabilidade do Projeto só foi possível devido ao enorme empenho das três integrantes do Núcleo de Educação para a Paz: Mariusa Gasparino Romano, Nalzira Medalha dos Santos e Márcia Virgínio Maranhão da Silva. Foram elas que nos receberam para uma conversa extasiante sobre tudo que realizaram ao longo destes sete anos de trabalhos e que relatamos aqui com enorme admiração e respeito.

Considerando que a atuação das ONGs capacitadoras a todo momento procurou atender às necessidades da comunidade escolar como um todo e o Projeto foi sempre pautado na inclusão de todos os segmentos escolares, o presente capítulo discorrerá sobre o trabalho com os integrantes destes segmentos: gestores, professores, alunos, pais, funcionários e a Rede de Garantias dos Direitos da Criança e do Adolescente na qual a escola está inserida.

OS PRIMEIROS ANOS DO PROJETO

Nos três primeiros anos, 30 escolas foram capacitadas. Cada uma delas enviou dez representantes para participar das capacitações, que tiveram um ano de duração com encontros semanais de quatro horas, divididos em dois turnos (metade dos integrantes da escola ia de manhã e a outra metade à tarde). Como condição à participação no Projeto a equipe gestora deveria integrar o grupo de formação. Ou seja, deveriam participar o diretor, o assistente de direção, o orientador educacional, o orientador pedagógico, além de professores, alunos, funcionários e pais. Nos casos das escolas com Educação de Jovens e Adultos, o coordenador do EJA também participou, assim como o coordenador de escolas de tempo integral.

Além dos representantes das escolas, os grupos de capacitação contavam com a presença de diversos membros dos equipamentos sociais do Município, tais como Saúde, Segurança, Judiciário, Assistência Social, Fundação Hélio Augusto de Sousa, Conselho Tutelar, voluntários e alguns representantes da própria Secretaria Municipal de Educação.

Após o primeiro ano de capacitação, as escolas seguiam sua formação por meio de Assessorias mensais com quatro horas de duração. Estas prosseguiram ano a ano. A capacitação continuada mostrou ser de fundamental importância para a sustentabilidade das práticas restaurativas nas escolas.

O PROJETO APÓS O TRABALHO CONJUNTO COM CECIP E EQUIPE JUSTIÇA EM CÍRCULO

Em 2013, por meio da criação do Núcleo de Educação para a Paz, a Secretaria Municipal de Educação de São José dos Campos assumiu integralmente a continuidade do Projeto iniciado em 2010, ainda com 16 escolas por implementar a Justiça Restaurativa, além da continuidade das assessorias às 30 escolas já formadas. Diante da demanda de ações, algumas modificações na estrutura do Projeto precisaram ser adotadas.

A pedido das escolas, os encontros ao longo do ano foram reduzidos para 14 e houve restrição do número de participantes por escola que enviaram, além dos quatro representantes das equipes técnicas, dois professores da sala de leitura e eventualmente mais um professor. Vale ressaltar a importância da participação dos professores da sala de leitura, pois, como possuíam acesso a todas as salas das escolas e um pouco mais de flexibilidade nos seus espaços, tempo e temas de aula, tinham muito mais flexibilidade para facilitarem Círculos nas escolas.

Com enorme empenho e dedicação, em 2013 foi concluída a capacitação de todas as escolas do ensino fundamental do Município, seguindo o objetivo de capacitar os participantes como agentes de mudança e facilitadores de práticas restaurativas, com destaque aos três eixos de trabalho: investimento em ações que fortaleçam as relações de convivência segura, tais como autonomia, pertencimento, participação, inclusão, bem como nos valores fundamentais para convivência harmônica; investimento em processos circulares de ordem mais restaurativa voltados para a resolução de conflitos; investimento em Círculos de Paz com diferentes objetivos e não necessariamente para resolução de conflitos (celebração, tomada de decisão coletiva, apoio etc.), com caráter mais preventivo.

As assessorias também sofreram reduções em sua frequência, passando a ocorrer bimestralmente, ainda que seus objetivos tenham se mantido, ou seja, aprofundar o conhecimento teórico e prático desenvolvido no ano da formação, com base no diagnóstico de necessidades emergentes e investir pontualmente na sistematização da prática. Lembrando que a cada ano o número de escolas em Assessoria aumentava mais e de forma continuada no tempo. Nos últimos dois anos, o

Núcleo de Educação para a Paz investiu fortemente na troca de experiências e no compartilhamento de boas práticas nos encontros de assessorias, pois o foco principal foi a sistematização das práticas nas escolas, tais como a utilização do processo circular na reunião de pais, no conselho participativo, Círculo de estudo, Círculo de equipe, Círculos de celebração e evidentemente nos Círculos Restaurativos.

Mas o Núcleo de Educação para a Paz foi muito além por meio de inúmeras ações que engrandeceram o Projeto, disseminaram as práticas restaurativas nas comunidades escolares e com isto promoveram a transformação da Cultura nas escolas, bem como articularam a Rede de Garantias da Criança e do Adolescente de São José dos Campos.

JOVENS MULTIPLICADORES

Tendo em vista que após 2012 a capacitação não contava mais com a presença de alunos, o Núcleo de Educação para a Paz estruturou e desenvolveu uma capacitação específica para alunos, cujo objetivo foi construir concepções e conceitos que alicerçassem tarefas práticas específicas dos mesmos em prol da ampliação da Cultura de Paz nas suas unidades escolares, em paralelo e consonância com o trabalho desenvolvido pelas equipes gestoras e professores multiplicadores formados no processo de capacitação. A formação incluía dois alunos e um professor acompanhante por escola. Os encontros foram bimestrais com os jovens divididos em três grupos, abrangendo as 46 escolas.

Embora tenha havido uma grande mobilidade de alunos e também dos professores acompanhantes e o grupo não tenha se mantido fixo, todos os jovens envolvidos mostraram-se bastante comprometidos com a proposta da capacitação e com a função de disseminadores de ações promotoras de convivência colaborativa nas relações escolares. Os alunos foram indicados pelas escolas e já conheciam a Justiça Restaurativa ou demostraram interesse em participar.

Toda a capacitação foi pautada na introdução de conceitos e prática. Conceitos como convivência, Justiça Restaurativa, escuta, entre outros. Quanto à prática, a cada encontro o Núcleo de Educação para a Paz sugeria e pensava com os alunos uma tarefa a ser desenvolvida na escola e estes voltavam no próximo encontro com a devolutiva desta tarefa. Sempre socializavam as práticas com o grupo. Um bom exemplo de atividade foi a realização de uma pesquisa de clima na escola que trouxe informações importantes para nortear a proposta de futuras ações.

Outra atividade consistiu em fazer um vídeo de cinema mudo com alguma ação deles na escola referente à convivência. Uma importante preocupação foi propor tarefas que não dependessem tanto dos adultos, promovendo a autonomia e maior protagonismo dos jovens. Ainda que os resultados tenham sido muito expressivos, sentem que é preciso muito investimento na mobilização de grupos de alunos.

Ao início destas capacitações, foram feitas reuniões com os adultos acompanhantes a fim de trabalhar o comprometimento e envolvimento dos mesmos com a proposta. Devido à alta demanda das escolas, a participação dos adultos acompanhantes não foi tão consistente como as capacitadoras esperavam, embora o apoio da escola às ações dos jovens tenha sido primordial.

Alguns jovens, nem todos porém, chegaram a participar da facilitação de processos circulares. Todos acreditam ser muito importante investir neste sentido.

FORMAÇÃO DE NOVOS INTEGRANTES DE EQUIPES GESTORAS

A cada ano, o Núcleo de Educação para a Paz forma um novo grupo para os novos especialistas que assumem cargos diretivos nas escolas e ainda não haviam sido capacitados. Devido ao grande número de mudanças de equipes, cada grupo contava com a presença de aproximadamente 35 novos gestores.

O programa da formação manteve-se o mesmo do que aquele realizado ao longo do ano de 2013 para as escolas de Ensino Fundamental.

Todos concordamos com a enorme importância desta capacitação para o alinhamento de princípios, valores e posturas entre os membros da equipe gestora e, portanto, para o desenvolvimento de ações na escola.

DISSEMINAÇÃO DO PROJETO PARA OS PROFESSORES

Durante os encontros de assessorias das escolas já formadas era constante o pedido de apoio do Núcleo de Educação para a Paz para a disseminação junto aos professores do trabalho que vinha sendo desenvolvido na rede educacional do Município de São José dos Campos. Foi nos encontros de assessoria que os gestores das escolas juntamente com a equipe do Núcleo de Educação para a Paz construíram e planejaram uma ação extremamente ousada e corajosa devido à sua abrangência e dimensão.

Ao longo de nove dias nos meses de junho e agosto de 2015 reuniram-se em grupos de 300 participantes, incluindo todos os professores das 46 escolas de Ensino Fundamental do Município. Os Horários de Trabalho Coletivo destes professores foram aproveitados para a realização de encontros de 2 horas e meia com o propósito de apresentar o Projeto e possibilitar que vivenciassem um Círculo. Cada grupo foi subdividido em cerca de nove Círculos simultâneos, sendo seus participantes professores de uma mesma escola. Para que fosse possível a realização de todos os encontros e a facilitação dos Círculos simultaneamente contou-se com 60 voluntários dentre os participantes das assessorias que, juntamente com os representantes do Núcleo de Educação para a Paz, facilitaram os Círculos e apresentaram o Projeto. Alguns professores em formação também atuaram como facilitadores em parceria com um facilitador experiente. Todos os Círculos reuniam dois professores facilitadores, e a escola decidiu se preferia facilitadores da própria escola ou de outra diferente da sua.

Os facilitadores voluntários por meio de um trabalho de construção coletiva criaram juntos o modelo do Círculo, garantindo o alinhamento de todos. Iniciaram com um relato breve de suas experiências com as práticas restaurativas em suas escolas. Pretendeu-se valorizar a voz do professor, a fala entre pares.

Após este grande investimento que incluiu todos os professores do Ensino Fundamental da rede, hoje todos os professores já conhecem o Projeto e a ferramenta dos processos circulares. Embora as escolas já estivessem desenvolvendo trabalhos de disseminação internamente, esta foi uma ação de outra ordem de grandeza. Outro propósito alcançado foi dar visibilidade às práticas restaurativas como uma Cultura "não é só da nossa escola, mas de toda a rede de educação".

Trata-se de uma rede de educação imensa. Não há como capacitar a todos os professores. Ainda assim encontraram uma maneira de reunir a todos, inclusive os gestores.

Embora o pedido das escolas fosse de um trabalho continuado com os professores, eles entenderam que o encontro atingiu seus objetivos de disseminação do Projeto e vivência dos processos circulares.

No tocante ao programa criado para este grande encontro foram pensados três momentos:

a) Anterior ao encontro: Houve um cuidadoso trabalho de elaboração do convite à participação dos professores. Cada escola teve uma conversa prévia com seus professores para explicar o encontro e seus propósitos para que estes entendessem que mais do que atender uma convocação eles estavam sendo convidados a conhecer um trabalho de toda a rede educacional da qual fazem parte.

b) O momento do encontro propriamente dito, como acima descrito.

c) Posterior ao encontro: A proposta foi de continuidade ao trabalho. Com isso, as escolas poderiam aproveitar os encontros como disparadores de novas ações dentro da escola. Algumas delas conseguiram ampliar suas ações internas e outras nem tanto.

FORMAÇÃO DE PROFESSORES

Em 2016, procurando atender ao pedido das escolas ao Núcleo de Educação para a Paz, foi organizada uma formação de professores. Um grupo com aproximadamente 80 professores de Ensino Fundamental I e II, sendo dois representantes de cada escola, foi capacitado em 14 encontros ao longo de todo o ano. Coube à escola decidir como escolher seus professores que integrariam o grupo, preservando ao máximo o interesse e a voluntariedade da participação dos mesmos.

A receptividade e o comprometimento do grupo foram notáveis e os resultados chegaram às escolas de forma consistente, tanto no que se refere à disseminação, como em ações de ordem prática acerca da convivência, processos circulares e resoluções de conflitos pautadas no diálogo.

CIRCUITO DE PRÁTICAS E 4º SIMPÓSIO INTERNACIONAL DE EDUCAÇÃO: TECNOLOGIA EDUCACIONAL, INTERATIVIDADE E PARTICIPAÇÃO SOCIAL

Em 2016, o Núcleo de Educação para a Paz promoveu um encontro para que professores e gestores de anos finais do

Ensino Fundamental II compartilhassem as boas práticas que vinham sendo realizadas pelas escolas.

Em um dia de atividades, diversos educadores apresentaram seus trabalhos aos colegas. Esses trabalhos foram mostrados simultaneamente em diferentes salas, nas quais os professores tiveram a oportunidade de falar para seus pares sobre práticas restaurativas e processos circulares de construção de paz inovadores, com temas e adaptações diversas. Vários orientadores mostraram-se bastante entusiasmados com os trabalhos de seus professores. Houve um eco muito significativo dentro das escolas, fomentando um movimento de abertura para novas possibilidades de práticas.

Para os educadores dos anos iniciais do Ensino Fundamental foi realizado um simpósio no qual foram compartilhadas ações das escolas como um todo, não apenas aquelas referentes à Justiça Restaurativa.

Tanto no Circuito de Práticas como no 4º Simpósio Internacional de Educação, os professores inscreveram voluntariamente seus trabalhos a serem apresentados e os demais educadores fizeram suas inscrições para assistirem às apresentações de seu interesse.

OFICINA DE CÍRCULOS COMO PARTE DO 2º SIMPÓSIO INTERNACIONAL DE EDUCAÇÃO: NOVAS TECNOLOGIAS, CURRÍCULO E EDUCAÇÃO SOCIAL

Mais uma ação grandiosa foi organizada pelo Núcleo de Educação para a Paz em conjunto com as escolas integrantes do Projeto. Foram realizados simultaneamente em diversas escolas, conforme os polos da cidade, Círculos de conversa com um tema comum: a identidade do professor.

Novamente, foram os voluntários das escolas que construíram coletivamente e facilitaram os Círculos de conversa. Esta ação possibilitou tanto a reflexão sobre um tema importantíssimo quanto oportunizou a vivência de um Círculo entre pares de uma mesma comunidade escolar.

Ações desta natureza tiveram como desdobramento a conscientização e o aproveitamento por parte das escolas da proposta dos Círculos para as mais diversas aplicabilidades. O objetivo maior foi, sem dúvida, que os Círculos passassem a fazer parte do Projeto Político Pedagógico das Escolas. Para que este objetivo pudesse ser alcançado, a força da comunidade foi imprescindível, bem como o resgate da história da escola. Sabemos como o contar histórias é um importante construtor de senso de comunidade e de identidade da escola.

FORMAÇÃO DA EDUCAÇÃO INFANTIL

A primeira semente para a realização da formação dos representantes da Educação Infantil foi plantada no 2º Simpósio Internacional de Educação. A Coordenadoria da Educação Infantil mostrou-se muito interessada nos trabalhos apresentados no Simpósio referentes às práticas restaurativas que estavam sendo realizadas em São José dos Campos.

Em 2015, deu-se início ao processo de formação do Ensino Infantil. O Núcleo de Educação para a Paz afirma com propriedade: "Começamos como gostaríamos de começar: chamando todos para conversar". Reuniram todos os integrantes da Coordenadoria e realizaram um Círculo que foi muito bem aceito por todos, inclusive porque há uma convergência muito grande dos princípios dos Círculos com a concepção da Educação Infantil, muito voltada para as questões de convivência, do desenvolvimento social, um olhar atento para os relacionamentos, para a expressão de sentimentos e uma postura menos punitiva, além do uso da roda para diversas atividades pedagógicas.

Após este primeiro trabalho com a Coordenadoria da Educação Infantil deu-se início à formação de gestores (Diretor e Orientador Pedagógico) das 103 escolas de Educação Infantil do Município de São José dos Campos.

O começo consistiu em uma sensibilização com os gestores de educação infantil, que foram divididos em três grupos, quando foi dada uma explicação da proposta e oferecida uma vivência em Círculo. A receptividade foi excelente.

Depois desta sensibilização, as escolas deveriam apresentar ao Núcleo de Educação para a Paz uma carta de intenção à participação da capacitação. Foi formada, então, ainda em 2015, a primeira turma com 80 gestores. Posteriormente, em 2016, formou-se outro grupo. As escolas capacitadas em 2015 seguiram em 2016 com seis encontros de assessorias. Um importante aspecto a ser ressaltado é que a Coordenadoria participou de todos os encontros de capacitação, dando apoio integral ao Projeto. Em outras palavras, agiu de modo restaurativo "fazendo com".

O fio condutor que permeou as assessorias foi:

• Como realizar os Círculos para as crianças de educação infantil.

• Como fazer chegar o trabalho aos professores e daí para as crianças.

Assim como nas assessorias dos jovens, para os gestores de Educação Infantil a esta assessoria foi muito pautada em ações práticas. Ou seja, a cada encontro eles levavam sugestões de ações a serem desenvolvidas nas escolas. No encontro seguinte, as experiências eram socializadas no grupo.

Muitos dos processos Circulares que vêm sendo realizados nas salas de Educação Infantil partem de uma história sensibilizadora, seguem com uma pergunta reflexiva significativa para as crianças e depois é feito um fechamento. Ou seja, são Círculos bem breves, respeitando o tempo de atenção da faixa etária em questão. Os temas trabalhados estão bastante ligados a sentimentos e convivência. Embora a grande maioria dos Círculos realizados nestas escolas seja preventiva, também realizaram Círculos para lidar com situações de conflitos.

O objeto de fala foi muito utilizado nas Escolas de Educação Infantil, mostrando-se na grande maioria das vezes um importante organizador da conversa.

Em algumas escolas foi criado o "cantinho de resolução de conflitos". Um espaço onde as crianças resolvem de forma autônoma seus conflitos. Quando um conflito ocorre, as próprias crianças vão para este local e entre elas conversam sobre o que aconteceu, recebendo ou não a ajuda de um adulto.

Além dos Círculos com os alunos, as escolas de Educação Infantil também têm realizado Círculos para o trabalho com pais, Círculos de equipe e com funcionários. Nestes últimos, os Círculos são extremamente interessantes tanto para promover conversas e reflexões sobre temas de interesse comum quanto para lidar com conflitos existentes. Os funcionários sentem-se vistos e ouvidos e isso muda o sentimento de valorização e pertencimento destas pessoas tão fundamentais na escola. Os resultados são muito expressivos.

ARTICULAÇÃO DE REDE

Em 2013 as integrantes do Núcleo de Educação para a Paz foram às escolas em muitos Horários de Trabalho Coletivo. Cada escola escolhia um tema para os Círculos de conversa, que era o formato adotado nestas reuniões. Em um Horário de Trabalho Coletivo em uma determinada escola, onde o tema escolhido era a vulnerabilidade, surgiu a ideia da realização de reuniões mensais sistemáticas da escola e de representantes de rede para discutir casos de vulnerabilidade extrema que demandam maior atenção e acompanhamento e agilizar fluxos de ação com parceiros do Município, além de fortalecer articulações para efetivação de parcerias que darão sustentabilidade ao Projeto.

Deu-se início então a reuniões mensais contando com a presença de representantes da Unidade Básica de Saúde, Guarda Municipal, Conselho de Referência Especializado de Assistência Social, Vigilância Epidemiológica, Núcleo VIVA a Paz, do Núcleo de Educação para a Paz, representante do Conselho Municipal da Criança e do Adolescente, professores e gestores da escola. Embora as reuniões atendessem a necessidades da escola, todos saíam muito satisfeitos com as ações programadas e resultados obtidos. Estas reuniões seguem por aproximadamente quatro anos e constituem o trabalho de rede mais bem-sucedido que desenvolveram.

Nestas reuniões, o grupo busca atender questões tanto individuais quanto necessidades da comunidade escolar como um todo, sempre pautados na responsabilização coletiva pelo atendimento de necessidades de todos. Trata-se de um exemplo de união de forças, tão preconizada na Justiça Restaurativa, posto em prática. O Núcleo de Educação para a Paz tem como meta a reprodução destas reuniões de rede para outras unidades escolares.

Outra ação relevante do trabalho acontece há quase dois anos em outra escola, onde há um aluno que é atendido em diversos equipamentos da sociais do município. Os representantes da rede reúnem-se mensalmente na escola para discutir ações para o atendimento de necessidades deste jovem. Em algumas destas reuniões, os pais também estão presentes.

Também com o propósito de articular os pontos de rede com o Projeto, o Núcleo de Educação para a Paz continua recebendo representantes da rede nas capacitações. Saúde e Segurança têm sido os equipamentos a enviar mais representantes para as formações. A Saúde está levando os processos circulares para alguns de seus territórios de atuação, com muito bom proveito dos Círculos para discussão de casos. No ano passado, por exemplo, sete gerentes de Unidades Básicas de Saúde fizeram a formação e hoje têm importante função multiplicadora dos processos circulares no Município.

Em agosto de 2016, por meio de uma parceria do Núcleo de Educação para a Paz e o Laboratório de Convivência, deu-se início ao Projeto "Justiça Restaurativa: por uma convivência justa e pacífica" para a capacitação de 60 integrantes de rede com financiamento do Conselho Municipal das Crianças e dos Adolescentes. Esta capacitação seguiu até maio de 2017 e incluiu lideranças e gestores dos seguintes segmentos: Judiciário, JECRIM, Secretaria da Educação do Estado, Saúde, SDS, Guarda Municipal, Conselho Tutelar e voluntários.

Com os objetivos de ampliação da concepção e do uso da Justiça Restaurativa na cidade, uso de processos circulares na rotina dos segmentos participantes; uso de processos circulares alicerçando e fortalecendo o trabalho de rede de apoio no Município de São José dos Campos, o Curso possibilitou também a articulação dos equipamentos sociais com as escolas e também entre si.

TECIDA A MUITAS MÃOS

Para isto, o Núcleo de Educação para a Paz tem a proposta de reunir este grupo com as Orientadoras Educacionais, por região, de modo a fomentar a articulação escola e rede. Este grupo tem o enorme desejo de participar dos Círculos nas escolas, tanto com o intuito de aprendizagem quanto de participarem como apoiadores nos planos de ação resultantes dos Círculos.

A manutenção deste trabalho de rede é um enorme desafio. Quando começamos, as escolas não se consideravam como pontos integrantes de rede. Hoje, há um importante trabalho de conscientização das escolas no que se refere à sua função como pontos fundamentais da mesma, bem como importantes articuladores. Em São José dos Campos, o Promotor da Vara da Infância e Juventude muito incentivou o trabalho de articulação dos equipamentos sociais do Município. Hoje, para os casos complexos que demandam união de forças para atendimento de necessidades, a escola lembra sempre de incluir representantes dos serviços de atendimento à jovens e suas famílias tanto em Círculos de conversa como Restaurativos. Uma importante linha de comunicação direta foi construída das escolas com a rede. Concluindo: a rede aos poucos vem sendo "tecida a muitas mãos".

A SUSTENTABILIDADE DO PROJETO

Um ingrediente fundamental para a sustentabilidade do Projeto de São José dos Campos foi a postura restaurativa do Núcleo de Educação para a Paz de sempre "fazer junto" com as escolas. Enquanto equipe, propôs-se diante de demandas a planejar e desenvolver ações em conjunto e não a "apagar incêndios". Tiveram que trabalhar com a identidade do Núcleo diante das escolas e internamente na Secretaria de Educação.

Em coerência com o princípio da responsabilização coletiva procuraram compartilhar a responsabilidade com as escolas refletindo em que momento e como estariam presentes nas solicitações das escolas. "Ensinaram com seu fazer" e hoje os pedidos não são mais para que elas resolvam as questões das escolas. Estas são autônomas e empoderadas.

Agora, as escolas lidam com a revisão constante de suas práticas. As Escolas de Ensino Fundamental buscam o apoio do Serviço de Orientação Educacional para conversar e refletir suas posturas e ações. O diálogo e a democracia estão presentes em seu fazer. Conflitos sempre existiram e sempre vão existir. O que mudou é a forma como eles são vistos bem como a escolha dos caminhos que podem ser trilhados para resolvê-los. O envolvimento do Serviço de Orientação Educacional se dá de modo horizontal, em tom de parceria e suporte.

Outro aspecto significativo na sustentabilidade do Projeto foi a resistência dos professores em relação à Justiça Restaurativa, que, antes, geralmente era vista como um trabalho a mais a ser realizado pelos educadores na escola. Após sete anos de convivência, esta resistência ainda é notada em certas escolas. Mas dois fatos contribuíram para a sua ampla redução:

- Há alguns anos não se usa mais a nomenclatura de Justiça Restaurativa, mas sim Cultura de Paz, com enfoque na convivência. Ou seja, trata-se de um Projeto de construção da Cultura da Paz por meio do olhar para a convivência colaborativa. As escolas referem que a mudança desta nomenclatura foi muito favorável, pois há um peso grande da palavra Justiça dentro da escola. Como se a Justiça não fosse da alçada da escola, mas a convivência sim.

- Outro fator que muito contribuiu foi a mudança no programa de capacitação. Iniciam pelo tema da convivência, trazem em um segundo momento a prática dos Círculos e as questões específicas relativas à Justiça Restaurativa. Esta vem somente depois que os educadores já estão familiarizados com o tema e com a prática.

Nestes sete anos uma disseminação consistente aconteceu e com um tempo de maturidade as escolas abraçaram e incorporaram os:

- Círculos de acolhimento - recepção de alunos e acolhimento de emoções
- Círculos de celebração - datas comemorativas, final de ano
- Círculos de conversas - nas salas de aula, pais, funcionários
- Círculos de equipes - realização de Horário de Trabalho Coletivo, Conselhos de Classe, Pré-conselho
- Círculos de atividades pedagógicas diversas
- Os Círculos Restaurativos - embora com menos frequência que os Círculos proativos, os Círculos Restaurativos estão presentes nas escolas contribuindo bastante para a Cultura da Paz.

Há algumas escolas que fazem o processo circular uma vez por mês de forma preventiva. Os gestores e professores participam e facilitam os Círculos que ocorrem simultaneamente em diversas salas de aula. No início, os professores sugeriam temas a serem trabalhados nos processos circulares em toda a escola. Mas, atualmente, após alguns anos de vivências em Círculo, os alunos também já estão sugerindo os temas.

RESULTADOS OBSERVADOS

Falar de resultados certamente seria repetir tantas ações acima descritas e seus desdobramentos. Porém, é importante ressaltar aspectos tão relevantes como a mudança de postura dos educadores que se pode observar. Todos "param para escutar" e escutam sem julgamento, o que gera um impacto positivo significativo na convivência da comunidade escolar. As relações estão mais respeitosas.

Nota-se uma transformação na forma dos encaminhamentos do professor para a direção, assim como na qualidade dos atendimentos pela equipe gestora a alunos e pais. "Eles dão voz às partes."

Houve também uma redução dos encaminhamentos dos alunos para atendimentos externos e maior resolução interna dos conflitos entre alunos e entre alunos e professores.

O tema em pauta ao longo de todo o Projeto foi a sistematização das práticas, posturas, valores e disseminação. Compartilhar para sedimentar. E foi o tempo que fez a diferença para as escolas mudarem sua Cultura. Tempo para sistematização.

Desde o início, valores vêm sendo implementados em toda Rede de Educação de São José dos Campos: a inclusão, a responsabilização coletiva, o diálogo e a empatia. Uma mudança da postura de autoridade para uma democratização das relações. A escola tem maior cuidado com as relações com o olhar para o outro, a história do outro e a integralidade das pessoas.

REFLEXÕES SOBRE O TRABALHO DESENVOLVIDO

A Justiça Restaurativa deve ser vista nas escolas como uma metodologia de educação, conforme referiu Kay Pranis, instrutora de Círculos de Construção de Paz e Justiça Restaurativa: *"Nas escolas, o aprender e o ensinar acontecem de modo natural. Às vezes, por meio de aulas planejadas e dadas por um professor, mas outras vezes pelas palavras ou ações de um colega. As escolas são também locais onde os conflitos acontecem diariamente. Portanto, oferecem o espaço perfeito para ensinar e aprender sobre a resolução de conflitos - e o Círculo é uma ferramenta essencial nesse aprendizado. Observa-se ainda que a Justiça Restaurativa está baseada em princípios e valores como o respeito, a humildade, a honestidade, a participação, a interconexão e o empoderamento, os quais vem ao encontro de valores necessários na Escola para construção conjunta de um ambiente seguro e harmônico para o desenvolvimento de uma Cultura de Paz."*

Assim, a autonomia, a responsabilidade, a cooperação e a autodisciplina não serão construídas por meio de relações interindividuais autoritárias, mas pela capacidade das crianças e jovens de resolverem problemas por si próprios, argumentando sobre seus pontos de vista, como também ouvindo seus colegas, para então reorganizarem seus conceitos.

Dessa forma, as Práticas Restaurativas consistem numa política de ambiente escolar saudável e de humanização das relações, por meio do incentivo ao desenvolvimento dos princípios e valores restaurativos, estimulando, assim, as interconexões entre os seres humanos. O objetivo maior é a formação de cidadãos. Foi com essa perspectiva que se iniciou a implantação de Projeto de Justiça Restaurativa em 2010. Após três anos de seu desenvolvimento a perspectiva da capacitação foi se transformando e passou-se a trabalhar com as ferramentas da Justiça Restaurativa voltadas para a melhoria da convivência. Outra importante mudança ocorrida ao longo do Projeto que merece ser ressaltada refere-se à metodologia de aulas: a formação passou a ter como ponto de partida a prática. Seguindo-se daí para a teoria, buscando conhecer as necessidades de todos, usando a prática do Círculo como metodologia de aprendizagem, auxiliando as conversas sobre temas.

Entre as ações promovidas para a implementação do Projeto de Justiça Restaurativa que particularizam condições que favorecem um processo acolhedor para o desenvolvimento da Cultura de Paz, de estratégias de resolução não violenta de conflitos e de introdução de práticas restaurativas descritas acima, destacam-se:

a) Mudança do formato utilizado nas capacitações desde 2010 até 2012 quando o Núcleo de Educação para a Paz ampliou o foco de sua atuação, visando melhorar a convivência nas escolas.

b) Realização de um intenso trabalho de sensibilização e adesão aos princípios e práticas restaurativas.

c) Expressiva capacidade de mobilização da comunidade escolar para além dos professores e alunos, buscando cada vez mais a articulação com toda a rede, objetivando a inclusão interna e externa com o trabalho da escola.

d) Coerência entre o saber e o saber fazer, conectando-se constantemente com as necessidades das escolas e dos grupos de trabalho, promovendo mudanças nas capacitações e promoções de eventos para disseminação das novas ideias, considerando sempre o momento político.

e) Estratégias criativas de assessoria.

f) A formação incluiu toda comunidade escolar, bem como a rede regional, permitindo maior inserção de uma nova Cultura e, consequentemente, uma mudança de paradigma.

g) Outro diferencial percebido nesse Projeto, já mencionado anteriormente, foi a capacitação muito pautada na prática, o que contribuiu para diminuir a resistência dos professores às novas crenças e ações, e aumentar a adesão. Como os próprios educadores afirmavam: *"A formação tem que fazer sentido para mim para que possa me apropriar dela".*

h) O "fazer junto", um dos mais importantes fundamentos das práticas restaurativas, foi uma "marca registrada" da atuação e postura do Núcleo de Educação para a Paz, sempre consonante com os princípios e valores restaurativos em seu fazer.

i) Educadores assumem mais seu papel de protagonistas e se utilizam de seus conhecimentos para agir em prol do desenvolvimento de uma Cultura de Paz. Isto estimulou também o protagonismo dos alunos, diminuindo o número de solicitações de intervenção externa. As Escolas, mais e mais, resolvem por si suas questões.

j) A sustentabilidade do Projeto vem com o fazer junto da Secretaria da Educação, dos Coordenadores e gestores que passam a caminhar lado a lado. Apesar da mobilidade institucional, os profissionais cuidaram para que sempre fossem inseridos os elementos novos. Assim novas formações eram oferecidas. Como já citado, tudo que é novo e desconhecido gera uma tendência a resistência. Todavia, é preciso ter consciência de que a mudança é possível, a começar pela transformação pessoal e profissional de cada um. Consciência esta, sempre presente na equipe do Núcleo de Educação para a Paz.

Esta transformação de Educação para Paz, por meio da Justiça Restaurativa, não se faz com grandes ações, mas se realiza no cotidiano, na atitude de cada um, na relação com o outro, na humanização das relações, já que muitas são as manifestações de violência e desrespeito ao ser humano. Esta foi a característica constante do trabalho do Núcleo de Educação Para a Paz.

Dessa forma, a experiência vivida em São José dos Campos demonstrou que as práticas restaurativas permitiram a criação de uma política de ambiente escolar saudável pautada em relações colaborativas, por meio do incentivo ao desenvolvimento dos princípios e valores restaurativos, estimulando assim as interconexões entre os seres humanos e entre estes e seus saberes.

O Projeto desenvolvido pelo Núcleo de Educação para a Paz ao longo do período de 2010 até final de 2016 procurou o tempo todo atender às necessidades apontadas pela comunidade escolar, promovendo mudanças nas capacitações e realizando eventos conforme demonstra este relato. E como já observamos a participação de toda a rede passou a ser integrada cada vez mais pelas escolas.

Chega-se à conclusão de que a caminhada é longa e exige um esforço coletivo para a transformação da Cultura escolar secular, que busca a normatização e padronização de comportamentos infanto-juvenis, não levando em consideração especificidades socioeconômicas e culturais dos alunos. Fazer Justiça Restaurativa é escolher um caminho, no qual se prescinde das acusações, das punições e dos juízos de valor para possibilitar uma verdadeira escuta, atendimento de necessidades e reparação de danos.

Cada pessoa envolvida no conflito apresenta seu ponto de vista, e os que escutam traduzem o que foi expresso em uma circularidade tal que permite, ao final, que todos se sintam compreendidos. Assim, de modo dialógico, definem o que precisa ser feito para chegar-se ao bem-estar coletivo. Esse princípio que, aparentemente, é tão simples, implica uma revolução em um ambiente que, em geral, não possibilita o diálogo entre as partes. A experiência de São José dos Campos demonstra isso.

Para concluir, reitera-se que a presente iniciativa, de implantar a Justiça Restaurativa para promoção de uma Cultura de Paz nas escolas, é um modo de transformar a realidade social, contribuído assim para proteção integral às crianças e adolescente. O relato de alguns educadores demonstra que implementar a concepção da Justiça Restaurativa como forma de prevenção e restauração das relações afetadas pelo conflito no ambiente escolar, em especial envolvendo quem se encontra em processo de formação e de desenvolvimento, torna possível a capacidade dos seres humanos crescerem e preservarem a humanização na convivência social.

A solidificação se deu até o presente momento em função da continuidade e perseverança de ações verdadeiramente restaurativas. A experiência desenvolvida em São José dos Campos é um exemplo a ser seguido. A superação de obstáculos foi constante, mas em nenhum momento isso provocou desestímulo ou desistência. É um grande legado.

REFERÊNCIAS BIBLIOGRÁFICAS:

ASSUMPÇÃO Meirelles, Cristina, "Práticas Restaurativas nas Escolas", in *Diálogo, Mediação e Justiça Restaurativa.* Pelizzoli e Sayão (org.), Recife: Editora Universitária, 2011.

COSTELLO, Bob, Watchel, Joshua, Washtel, Ted, *Círculos Restaurativos nas Escolas.* Peru: International Institute of Restorative Practices, 2011.

1. **MARKOVITS, J.R; Petresky D.** Círculos de Classe: Estabelecendo Novas Relações na Escola, in *Justiça Restaurativa em Ação* - Grecco, A. e outros, Práticas e reflexões, São Paulo: Dash Editora, 2014.

2. **PRANIS, Kay,** *Processos Circulares. Série da reflexão à ação. Teoria e Prática.* São Paulo: Palas Athena. 2010.

3. **PRANIS, K.; Stuart, B.; Wedge M,** Peacemaking Circles. *From Crime to Community.* Minnesota, USA: Living Justice Press, 2003.

4. **UNITED NATIONS,** *Declaração e Programa de Ação sobre uma Cultura de Paz,* 1999. http://www.comitepaz.org.br/download/Declaração%20e%20Programa%20de%20Ação%20sobre%20uma%20Cultura%20de%20Paz%20-%20ONU.pdf

CAPÍTULO 3

ONG CHAVERIM: CAPACITAÇÃO EM PRÁTICAS RESTAURATIVAS PARA MONITORES QUE TRABALHAM COM PESSOAS DETENTORAS DE DEFICIÊNCIA INTELECTUAL

Dora Petresky e Joyce R. Markovits

As práticas restaurativas têm sua origem no âmbito Judiciário em diversos locais do mundo. Atualmente, estão presentes não somente nos Sistemas de Justiça, mas também têm sido bastante difundidas nos contextos escolares, comunitários e institucionais. Nesses contextos sociais e nas instituições educacionais *há uma multiplicidade de relações entre usuários dos serviços, funcionários, profissionais técnicos, famílias e comunidade, constituindo-se uma rede relacional muito rica e complexa que abre espaço propício para que surjam inúmeros conflitos de diversas naturezas* (Jones e Bodtker - 1996).

A equipe Justiça em Círculo vem se dedicando desde 2006 à capacitação de facilitadores de práticas restaurativas, com objetivo de oferecer formas tanto para a resolução de conflitos já instalados, como também ferramentas preventivas voltadas para a construção de um ambiente pautado na colaboração e respeito. Para tal, é fundamental trabalhar com uma mudança paradigmática na forma de lidar com os problemas relacionais; segundo Meirelles (2015) os relacionamentos saudáveis e respeitosos não acontecem naturalmente, é necessário construí-los e cuidar para que haja sustentabilidade dos mesmos. Nesse sentido, a construção da conexão entre as pessoas se dá pela promoção de atividades realizadas em círculos e fundamentadas nos princípios restaurativos de responsabilização, autonomia, diálogo e não punição e de valores como igualdade, responsabilidade, pertencimento, reconhecimento e inclusão.

Para Hopkins (Hopkins, 2009, p. 4), "todos nós precisamos sentir que pertencemos a um grupo, a conexão é um fator chave para nos sentirmos bem, possibilitando abertura para novos conhecimentos e aprendizados".

Baseadas nesta visão procuramos desenvolver um trabalho pautado nos princípios e valores citados acima, que são as bases para a construção e sustentação de relações comunitárias.

Belinda Hopkins em sua metodologia acrescenta ainda o uso de perguntas e conversas restaurativas, processos circulares e jogos de diversão que aliados a habilidades como articulação emocional, empatia, mente aberta, escuta ativa e sem julgamento seriam também formas de propiciar conexão entre as pessoas.

Ao iniciarmos nossa trajetória de capacitação procuramos abordar todos os temas restaurativos por meio de aulas expositivas, exercícios reflexivos e simulações de forma a integrar e articular a teoria e a prática da proposta metodológica.

ONG CHAVERIM

Localizada em São Paulo, a ONG Chaverim, cujo nome na tradução da língua hebraica significa **amigos**, nasceu há 20 anos com foco no atendimento a pessoas detentoras de deficiência intelectual para que elas se tornassem protagonistas de seu processo de desenvolvimento, visando a sociabilização e a inclusão social.

De acordo com Organização Mundial da Saúde (OMS), "a deficiência intelectual é caracterizada por uma diminuição importante na habilidade de entender informações novas ou complexas e na capacidade de desenvolver novas habilidades. Neste sentido, a deficiência intelectual traz para o indivíduo uma capacidade reduzida de viver de maneira independente, comprometendo seu funcionamento social."

A atual presidente da instituição, Tarandash, E. (Grupo Chaverim, 2013, p. 3) afirma sobre a ONG:

Esta é uma história escrita com muitas mãos e corações, que reflete uma trajetória de esforços, determinação e perseverança, cujo objetivo é superar a invisibilidade e propiciar a inclusão social, ampliar vínculos afetivos, construir uma vida comunitária e propiciar o desenvolvimento de autonomia de cada um de seus participantes.

INCLUSÃO SOCIAL

A inclusão social, de modo geral, significa a possibilidade de as pessoas com deficiência, que até há bem pouco tempo eram consideradas incapazes, participarem dos ambientes sociais - escolas, locais de trabalho, de convivência e de entretenimento. Esta inclusão implica no rompimento da visão e do modelo antigo de tratamento dessas pessoas, tarefa nada fácil, mas que historicamente vem apresentando evolução (Chaverim, 2013).

De toda forma, cabe o questionamento do que realmente significa inclusão? É a ação por meio da qual a sociedade pode incluir em seus sistemas pessoas com algum tipo de deficiência e, ao mesmo tempo, oferecer oportunidades para que as mesmas se preparem para assumir seus papéis sociais. Por esta razão, considera-se importante e desejável a oferta de estímulos e possibilidades para a integração das pessoas com deficiências dentro de uma sociedade aberta e não confinada (Chaverim, 2013, p18).

Em Chaverim (2013), encontramos a ideia de que ao falarmos de inclusão, nos reportamos também aos conceitos de autonomia e independência. A independência se liga ao poder de tomar decisões por si mesmo, ou seja, por mais que dependa de outras pessoas para ajudá-la em suas atividades diárias, a pessoa com deficiência tem o direito de se fortalecer (se empoderar) internamente no sentido de exercer o controle sobre sua própria vida, respeitando suas competências e características específicas. A respeito desse empoderamento, foi possível perceber que a troca de informações, vivências e experiências entre pessoas com deficiência se constitui em um estímulo eficaz para o fortalecimento individual e social.

Nas palavras da psicóloga e psicanalista Rappaport (2013, In Chaverim, 2013, p.17):

> Diante do estímulo a desenvolver suas competências e a usufruir de uma vasta gama de atividades, os efeitos devastadores das deficiências e/ou disfunções cognitivas e de personalidades são amenizados. Ser inserido numa trama de relações favorece a constituição das identificações, possibilitando ao indivíduo formular seus desejos e afetos, diferenciar-se do outro, estabelecer vínculos de amizade e de amor, tentar descobrir e viabilizar seus talentos e aptidões.

SOCIABILIZAÇÃO

O vocábulo deriva do verbo sociabilizar, cujo significado é tornar sociável.

A sociabilização é processual e acontece durante o desenvolvimento da pessoa por meio das suas inter-relações familiares e da sua convivência na comunidade e nos demais grupos sociais. No caso das pessoas com deficiência, estas experiências favorecedoras da sociabilização desempenharão um papel importante como forma de integração, participação e inclusão social, possibilitando que elas usufruam de todas as oportunidades que a sociedade oferece.

Ortiz (2005, In Chaverim, 2013, p. 20), comenta:

Sociabilização é estabelecer metas que ofereçam momentos de prazer, de relacionamentos e trocas interpessoais, de modo espontâneo, tanto com grupos de iguais, como com grupos inclusivos, melhorando suas condições psicomotoras, cognitivas, afetivo sociais, educando-os e estimulando-os para que se sintam mais felizes e aceitos pelas famílias e pela sociedade: uma necessidade e um direito dos indivíduos.

CAPACITAÇÃO

Para atender as necessidades supra descritas, propusemos a seguinte capacitação em práticas restaurativas:

METODOLOGIA

Toda a capacitação foi fundamentada na metodologia da Belinda Hopkins, centrada na importância das relações, que trabalha com o desenvolvimento de uma postura restaurativa aplicada a comunidades educativas.

É uma proposta metodológica participativa, utilizando atividades lúdicas e criativas, objetivando a aprendizagem de uma nova prática, equilibrando conteúdos teóricos e vivenciais.

Esta metodologia propicia a construção de um "senso de comunidade", de pertencimento ao grupo de convivência, por meio da criação de ambientes inclusivos, pautados no cuidado e respeito mútuo, e que enfatizam os laços sociais e a participação segura. O desenvolvimento do "senso de comunidade" pode se dar de diversas maneiras, a mais importante delas é o modo como todos os membros da família/comunidade/instituição falam uns com os outros no cotidiano, utilizando sempre uma linguagem respeitosa e cuidadosa. Além disso, todos os tipos de atividades, programas e projetos devem ser pensados para favorecer este sentimento de conexão, confiança e respeito e desenvolver habilidades emocionais e habilidades para fazer, manter e quando necessário, restabelecer as relações rompidas por conflitos.

Uma prática restaurativa importante utilizada por Hopkins em sua metodologia é o Círculo, entendido como um formato conversacional, no qual as pessoas se reúnem em uma situação de igualdade com um propósito comum.

A principal força do Círculo é dar oportunidade para que as pessoas se escutem e oferecer a todos, sem exceção, espaço para se expressarem, gerando assim um sentimento de inclusão e pertencimento.

Círculos, por sua estrutura, colocam em prática princípios e valores e garantem:

- A igualdade: todos no Círculo estão igualmente sentados e equidistantes do centro, inclusive o facilitador;

- A segurança e confiança: todos podem ver-se, ninguém fica escondido;

- A responsabilidade compartilhada: todos têm a chance de se expressar;

- A conexão construída a partir da possibilidade de todos se escutarem e contribuírem para o desenvolvimento da proposta em questão.

Todo Círculo pressupõe a presença de um facilitador, apesar da responsabilidade por sua condução ser compartilhada por todo o grupo. Esse facilitador tem como funções convocar o Círculo, garantir seu funcionamento, cuidar do espaço físico e manter o foco. Ele pode optar por usar uma "peça de fala", que é um elemento organizador, mas não é obrigatório.

Este instrumento de fala é utilizado para garantir a possibilidade de todos os participantes falarem e poderem ter uma escuta qualificada, ou seja, respeitosa, reflexiva e totalmente presente. Aquele que detém o objeto em suas mãos tem o direito de falar e se não quiser, pode passar o objeto em silêncio. É importante realizar mais de uma rodada para que aqueles que não contribuíram tenham nova chance de fazê-lo.

O objeto de fala garante àquele participante mais tímido a possibilidade de falar sem ter que competir com as pessoas mais assertivas e por outro lado, também permite àqueles que são mais falantes e expressivos que escutem a voz dos demais e tenham tempo de ponderar.

Deve ser escolhido entre objetos significativos para os participantes, pode ser passado sequencialmente à pessoa ao lado ou colocado no centro do Círculo para que aleatoriamente quem quiser falar, possa pegá-lo. O importante é que as regras de seu funcionamento sejam claras, sejam estabelecidas conjuntamente pelo grupo e que seu uso facilite seu funcionamento.

Durante todo o processo de capacitação, utilizamos o Círculo como forma de aprendizagem vivenciada.

Outra prática, também advinda da metodologia de Hopkins, é a Hora de Círculo, um grupo de atividades estruturadas que foi utilizado em cada encontro da capacitação, conforme a seguinte sequência:

✓ uma atividade de abertura e acolhimento;

✓ uma dinâmica de entrosamento;

✓ um trabalho mais intensivo de pares/grupos sobre um tema escolhido;

✓ uma atividade revisando o aprendizado do dia/atividade;

✓ uma dinâmica de fechamento.

Por ter seu formato mais estruturado, envolvendo atividades lúdicas, a Hora de Círculo pode ser usada no desenvolvimento de habilidades sociais e emocionais, desenvolvimento da autoestima, encorajamento da cooperação e aprimoramento das habilidades comunicativas, bem como, colabora para introduzir os principais temas e linguagem restaurativos em qualquer comunidade e assegurar que o ensino, o aprendizado, o convívio e as tomadas de decisão diárias, sejam baseados em valores e princípios restaurativos.

Segundo Hopkins (2014, p.9-10):

Os valores chaves subjacentes a Hora de Círculo e a reunião em Círculo são:

- Comprometimento com o respeito mútuo, o que significa que todas as críticas negativas serão desencorajadas e desafiadas caso existam (é vital que o facilitador se mantenha positivo e respeitoso o tempo todo para servir de modelo, independentemente de quão frustrado ele esteja).

- Reconhecimento de que todos têm o direito de sentir o que estão sentindo. Não existe 'deveria' e 'não deveria' em relação aos sentimentos. Um sentimento é um sentimento - mas as pessoas podem sentir a necessidade de pensar em como expressar seus sentimentos para serem ouvidas.

- Aceitação do direito dos outros de terem um ponto de vista diferente, mesmo que estes outros discordem.

- Abertura para o trabalho com todos no Círculo, para que a tolerância e a diversidade sejam encorajadas e que barreiras sejam quebradas.

- Comprometimento com o respeito às diferenças e celebração das experiências compartilhadas.

- Consciência de que o bom funcionamento da reunião é de responsabilidade de todos.

- Aceitação da responsabilidade compartilhada pela inclusão de todos os integrantes e uma sensibilidade para com os sentimentos de exclusão de cada um.

- Entendimento por parte de todos de que aqueles que não estão conseguindo respeitar as regras da Hora de Círculo, não estão sendo desobedientes ou disruptivos, mas evidenciar que uma necessidade não está sendo atendida e que alguma outra coisa precisa ser feita para atendê-la.

• Crença que o conteúdo e o processo do trabalho do Círculo precisam ser congruentes, para que aquilo que as pessoas estão falando se reflita naquilo que estão fazendo.

INTEGRANTES DO PROJETO

Trabalhamos com 14 profissionais contratados que atuavam diretamente com os participantes nas atividades aos finais de semana, sendo:

- 1 diretora técnica
- 1 coordenadora técnica
- 12 monitores de diferentes áreas profissionais: psicologia, comunicação, teatro, arte, educação e biologia.

A ONG recebia 45 pessoas, divididas em três grupos, conforme suas capacidades de independência: motora, intercomunicação e cognitiva. Um grupo com pessoas com mais independência, outro com pessoas totalmente dependentes e um terceiro grupo intermediário. Os encontros aconteciam aos finais de semanas, com atividades internas socioeducativas no clube A Hebraica e atividades sociais externas, como visitas a museus, cinemas etc.

A coordenadora e monitores se reuniam uma vez por semana para planejar as atividades, o contato com as famílias e o relacionamento com a diretoria.

Nesse contexto de conexões aconteciam os conflitos.

Em dezembro de 2014, começamos a desenvolver um trabalho para que os monitores pudessem se apropriar das metodologias das práticas restaurativas para melhorar os relacionamentos e obter melhores resultados nas resoluções de conflitos entre os atendidos, nas ações juntos às respectivas famílias e entre a própria equipe.

DESENVOLVIMENTO DO PROJETO

Entre os anos de 2015 e 2016 foram realizados nove encontros com duração de três horas cada, sendo um encontro de sensibilização, quatro encontros de capacitação e quatro encontros de supervisão.

Durante o primeiro encontro foi realizada uma sensibilização, na qual ouvimos da equipe quais eram suas necessidades e apresentamos a metodologia. A esse processo demos o nome de construção de contexto e as principais necessidades trazidas pelo grupo foram:

- Lidar melhor com as diferenças pessoais dentro do grupo;
- Trabalhar mais efetivamente com as questões trazidas pelas famílias;
- Estabelecer diálogos mais efetivos com os pais;
- Pensar em formas de participação da família no trabalho;
- Criar estratégias de redução de conflitos dos atendidos entre si (são grupos com necessidades muito diferentes e com

dificuldade em compartilhar), dos atendidos com os monitores, dos monitores entre si e com as famílias;

- Melhorar a integração e os momentos de reflexão da equipe.

Para tratar destas questões propusemos quatro encontros, nos quais procuramos instrumentalizá-los em ações promotoras de bom convívio.

Assim, nos quatro encontros de capacitação trabalhamos:

Pensar restaurativo:

- Postura reflexiva
- Postura restaurativa
- Mudança de paradigma
- Relações restaurativas:
- Escuta ativa
- Responsabilização coletiva
- Valores e necessidades

Restauração das relações (práticas):

- Círculos restaurativos
- Perguntar restaurativo
- Conversar restaurativo

O programa se propunha a:

- Promover uma mudança paradigmática da culpa individual para a responsabilidade relacional e do julgamento para o atendimento de necessidades.

- Conotar positivamente o conflito, a expressão do conflito, não tendo como expectativa sua inexistência, mas sua minimização e oferecendo alternativas mais eficazes e construtivas para manejá-lo.

- Privilegiar a preservação e restauração das relações ao invés da punição e da retaliação.

- Construir contextos de conversação, orientados pelo respeito mútuo, respeito à voluntariedade e autonomia dos participantes.

- Incentivar o desenvolvimento da competência e recursos pessoais dos participantes, para que pudessem ponderar e decidir sobre as questões que estavam enfrentando.

- Tornar restaurativa a ONG, na qual o foco nas pessoas e nas relações deveria ser a preocupação central.

E nos quatro últimos encontros de supervisão, trabalhamos com as ações que eles vinham desenvolvendo e propusemos uma reflexão sobre a elaboração de um plano de ação que lidasse com as questões identificadas no levantamento de necessidades, para que elas fossem minimizadas ou mesmo não voltassem a ocorrer.

Todos deveriam aderir a este plano, fruto de uma decisão coletiva, comprometendo-se a cumpri-lo. Um encontro após seis meses de trabalho foi marcado para discussão de seus avanços e desafios, troca de experiências e compartilhamento de possibilidades.

Ao final da capacitação, fizemos uma avaliação dos resultados obtidos e colhemos relatos interessantes dos monitores. Um deles, por exemplo, disse que, além da melhoria das relações entre os atendidos pela qualidade das intervenções, houve também a melhoria da interação com as famílias e ainda puderam levar as práticas para outros contextos, para outros trabalhos realizados por eles.

Segundo a diretora e a coordenadora técnica, os resultados foram positivos para os atendidos no projeto, todos se beneficiaram com esta metodologia, sendo que algumas especificidades surgiram:

- No primeiro grupo, no qual os atendidos eram mais dependentes, as práticas ajudaram essencialmente nas relações com as famílias.

- No segundo grupo dos atendidos, com independência intermediária, foi possível a aplicabilidade das dinâmicas das práticas de Justiça Restaurativa ofertadas ao grupo, que ajudou na relação deles com os monitores.

- E no terceiro grupo, com pessoas mais independentes, as práticas propiciaram a melhoria na relação entre eles, posto que era o grupo onde os conflitos entre os participantes eram mais frequentes.

Outras transformações ocorridas foram:

Os monitores passaram a atuar sob o paradigma da responsabilização e resolução coletiva;

Melhoria da comunicação entre os diversos atores;

Melhor organização no trabalho;

Definição de papéis mais claros;

As pessoas envolvidas no projeto aderiram às práticas restaurativas, como forma de superação ou minimização da situação por eles diagnosticada;

Desenvolveram mais respeito e acolhimento no atendimento das pessoas.

Desenvolveram sentimento de união na equipe;

Desenvolveram no trabalho práticas pedagógicas compatíveis com os princípios restaurativos.

Hopkins (Práticas Restaurativas em Sala de Aula, 2011, p. 6) afirma:

"Uma classe restaurativa é um lugar onde os relacionamentos têm importância. Quanto melhor forem os relacionamentos na classe, entre professor e alunos e entre os próprios alunos, mais fácil será para o professor ensinar, para os alunos aprenderem e haverá menos conflitos."

Não é sem razão que um dos pilares para educação do século 21, segundo o relatório Delors, da UNESCO, é o aprender a conviver.

Aprender a conhecer, aprender a fazer, aprender a viver juntos e aprender a ser constituem os quatro pilares da educação para o século XXI, segundo o Relatório Delors (1999), um dos mais importantes estudos promovidos pela Organização das Nações Unidas para a Educação, a Ciência e a Cultura (UNESCO) sobre a educação do nosso século (Meirelles, 2015, p.1).

Podemos transportar este pensamento para qualquer contexto e afirmar que em qualquer ambiente restaurativo teremos benefícios e potencialidade de aprendizado, inclusive quando falamos de pessoas com necessidades especiais que buscam desenvolver a autonomia e a apropriação do conhecimento.

Todos nós temos o direito a "aprender a conhecer", "aprender a fazer", "aprender a viver juntos" e "aprender a ser" restaurativamente.

DEPOIMENTO

Coordenadora técnica: Carla Veríssimo

"Para mim o trabalho de práticas de Justiça Restaurativa foi importante em várias instâncias do Chaverim, não só na equipe de monitores (...) trouxe um espaço de reflexão que fortaleceu o grupo e possibilitou que pudéssemos falar das coisas com mais clareza e mais tranquilidade. Deu uma amenizada nas angústias, propiciou acolhimento e empoderamento, as pessoas do grupo passaram a se sentir mais apropriadas do que estavam fazendo e de como se comunicar com o outro, entre eles e com os participantes e com as famílias.

Utilizamos, com sucesso, as ferramentas das práticas nas nossas reuniões, nas reuniões com as famílias, na forma de interlocução com a diretoria e em situações de conflito entre os participantes.

O clima não era ruim, mas a capacitação ajudou bastante, harmonizou muito a equipe. Todas as instituições têm questões, dependendo da proposta de trabalho, no Chaverim, às vezes, há questões muito difíceis de lidar: o quanto você se sente impotente frente a alguns casos ou o sentimento de que eu faço, faço, faço e não vejo resultados. Há também muitos conflitos relacionais entre os deficientes, pois alguns não aceitam sua incapacidade e conflitam (sic) o tempo todo. Os instrumentais das práticas de Justiça Restaurativa são importantes, porque ajudam a organizar as angústias e o trabalho."

REFERÊNCIAS BIBLIOGRÁFICAS

ASSUMPÇÃO Meirelles C. *Na escola: responsabilizar é mais eficiente e educativo do que punir*. Publicado em 25/05/2015. Disponível em http://www.namu.com.br/artigos/na-escola-responsabilizar-e-mais-eficiente-e-educativo-do-que-punir. Acesso em 02 abr.2018.

GRECCO A. et al. *Justiça Restaurativa em Ação: Práticas e reflexões*. São Paulo: Dash, 2014.

GRUPO CHAVERIM, *Rota da Amizade, a trajetória do grupo Chaverim pela inclusão de pessoas com deficiência intelectual*. São Paulo: Jaime Brener, Gráfica ExLibris, 2013.

HOPKINS, B. *Just Schools. A Whole School Approach to Restorative Justice. London and Philadelphia*: Jessica Kingsley Publishers, 2004.

___________ ***Just Care. Restorative Justice approaches to working with children in public care***. Londres e Philadelphia: Jessica Kingsley Publishers, 2009.

_________ ***Práticas Restaurativas em Sala de Aula***. Publicado em 07/2011. Disponível em

http://europeancircleofrestorativeeducators.com/sites/default/files/pdf/Portuguese%20version%20PR%C3%81TICAS%20RESTAURATIVAS%20EM%20SALA%20DE%20AULA.pdfAcesso em 18/10/2018

__________*Hora de círculo e Encontros em círculos: o primeiro passo para o desenvolvimento de uma abordagem restaurativa em toda a escola*. Traduzido em julho/2014. Disponível em

http://www.palasathena.org.br/downloads/manualdecirculos.pdf.

Acesso em 05 abr.2018.

JONES, T. e Bodtker, A., *Diretrizes para programas bem sucedidos de Mediação de pares,* Novos Paradigmas, Cultura e Subjetividade. Artmed, Porto Alegre: 1996.

MELO, R. E.; Mazda, E. &Yazbek, V. *Justiça Restaurativa e Comunitária em São Caetano do Sul: aprendendo com os conflitos a respeitar direitos e promover a cidadania.* São Paulo: CECIP, 2008.

CAPÍTULO 4

CONSTRUÇÃO DE UM CURSO DE FORMAÇÃO A DISTÂNCIA DE MEDIAÇÃO DE CONFLITOS E ABORDAGENS RESTAURATIVAS

Cecilia Pereira de Almeida Assumpção
e Cristina Telles Assumpção

"Todo conhecimento começa com o sonho. O conhecimento nada mais é que a aventura pelo mar desconhecido, em busca da terra sonhada. Mas sonhar é coisa que não se ensina. Brota das profundezas do corpo, como a água brota das profundezas da terra."

Rubem Alves

No final de 2014 fomos convidadas a estruturar e desenvolver um curso a Distância de Mediação de Conflitos e Abordagens Restaurativas nos mesmos moldes dos cursos presenciais que ministramos em várias Instituições Educacionais. O pedido era que construíssemos uma capacitação de facilitadores de práticas restaurativas para equipes gestoras (diretor, vice-diretor, orientador educacional, orientador pedagógico e profissional) de escolas em diversos Estados brasileiros com o mesmo conteúdo programático e o mesmo propósito de implementar uma Cultura de Paz nas escolas, porém sob o formato de Ensino a Distância (EaD) com tutoria em um total de 40 horas, incluindo leituras, postagens das atividades de curso e atividades práticas desenvolvidas nas unidade escolares.

A proposta nos parecia extremamente nova e, ao mesmo tempo, bastante estimulante e desafiadora. Em nossas capacitações presenciais o foco principal é promover uma transformação paradigmática dos participantes, uma mudança de crenças e posturas, que ocorre pessoalmente de forma gradual ao longo do processo formativo, por meio da relação vivencial entre capacitadores e alunos, bem como na interação entre os integrantes do grupo. Aprender a conviver de forma respeitosa e colaborativa, convivendo; e a desenvolver a responsabilização coletiva pelo bem-estar comum, nos responsabilizando por nossa comunidade de aprendizagem; ter coerência na maneira de pensar e agir, mesmo a distância. Perguntávamos como seria desenvolver virtualmente uma postura restaurativa e uma mudança paradigmática no modo de se relacionar de cada participante em seu contexto escolar.

A nossa grande questão era se conseguiríamos manter o caráter de transformação individual e institucional em um ensino a distância uma vez que nossa principal "ferramenta de trabalho" é a convivência, é estar em relação com o outro. Tínhamos a intenção de compor uma comunidade virtual de aprendizagem e de prática com os integrantes das escolas aderidas à implementação das práticas restaurativas, ressaltando, desde o primeiro contato, a importância do caráter social e comunitário de aprendizagem, a riqueza dos diferentes contextos de socialização e a diversidade de pensamentos em busca de uma melhor interatividade entre as pessoas nas escolas.

Foi com esta premissa de transformação das relações que aceitamos com entusiasmo o desafio que nos era proposto. É fundamental que se ressalte o fato de o curso ser integralmente acompanhado por duas tutoras, possibilitando interação, reflexão, diálogo ativo e compartilhamento constantes.

A seguir, elencamos os princípios norteadores para esta capacitação a distância:

* Promover um diálogo horizontal (circular) entre os participantes, no qual cada pessoa possa fazer suas contribuições. Esse princípio baseia-se na premissa de que cada um tem seu ponto de vista e que todos são igualmente válidos.

* Aprender que a diversidade transforma a relação entre as pessoas e seu entorno. A maneira de aprender gerada a partir de um diálogo colaborativo acaba por transformar as pessoas e a visão que têm de si mesmas e das Instituições em que vivem. A escola, nesta perspectiva, também passa a ser transformadora.

* Acompanhar como tutoras o processo de ensino e aprendizagem de cada participante, promovendo uma escuta cuidadosa e reflexiva frente aos desafios propostos.

* Fortalecer as práticas já utilizadas pelas escolas como boas práticas restaurativas.

* Vivenciar princípios e valores restaurativos nas atividades práticas durante o curso e contribuir para um novo estar nas relações (gestores-coordenadores-funcionários-professores--alunos-pais) de cada comunidade escolar.

* Desenvolver um Plano de Ação a partir das necessidades de cada Instituição e o compartilhamento entre todos os participantes do curso, proporcionando um diálogo reflexivo entre teoria e prática ao final da formação virtual.

* Enfim, construir uma comunidade de aprendizagem e de prática que favorecesse e promovesse a formação de educadores restaurativos, passando por uma mudança individual de postura, crenças e princípios, que gerassem, em última instância, uma mudança na Cultura Escolar, ou seja, a construção de uma Escola Restaurativa.

O PASSO A PASSO

Todo o primeiro semestre de 2015 foi dedicado a elaborar o material da capacitação, que foi dividido em doze capítulos semanais distribuídos em quatro módulos. Foram desenvolvidos slides de aula, filmes ilustrativos de práticas com apresentações didáticas, além de atividades práticas, escolha cuidadosa de textos, artigos, livros, questionários e vídeos que já usávamos em nossas capacitações, bem como novos materiais e diversas sugestões de atividades e vivências individuais e grupais. Além do material online, foram oferecidos para as escolas participantes kits com livros, apostilas, filmes e material específico para realização de práticas restaurativas, possibilitando um estudo mais aprofundado, assim como a realização das mesmas nas unidades escolares.

Os módulos e capítulos foram assim estruturados:

- **Ambientação Pedagógica**

Introdução ao curso e familiarização com o portal e funcionamento das ferramentas online.

- **Módulo 1 - Reafirmar Relações**

Importância da construção de uma comunidade colaborativa que privilegia o diálogo como forma de promoção de relações saudáveis.

Capítulo 1: Construção de Senso de Comunidade

Capítulo 2: Teoria do Observador

Capítulo 3: Habilidades Comunicacionais

Capítulo 4: Cubo Restaurativo

Capítulo 5: Hora de Círculo

Capítulo 6: Justiça Restaurativa

Capítulo 7: Pedagogia Relacional Restaurativa

- **Módulo 2 - Reconectar Relações**

Práticas habitualmente utilizadas para a resolução de conflitos cotidianos já instalados.

Capítulo 8: Mediação de Conflitos

Capítulo 9: Círculos Restaurativos nas escolas

- **Módulo 3 - Reparar Relações**

Apresenta o Encontro Restaurativo, realizado quando situações de conflito ou violência sérias acontecem e demandam ações cuidadosas por parte da equipe escolar, contanto com a participação de diversos integrantes da comunidade escolar, inclusive pais e responsáveis.

Capítulo 10: Encontros Restaurativos

• Módulo 4 - Planos de Ação e Avaliação

Capítulos 11 e 12: Construção de Planos de Ação

As escolas deveriam construir um Plano de Ação para implementar em sua unidade escolar as práticas restaurativas buscando assim uma transformação de crenças, princípios e valores para o desenvolvimento de uma Escola Restaurativa.

Ao final da elaboração do Curso, demos início à adesão das unidades escolares por meio de um processo de sensibilização. Primeiramente, as escolas receberam e assistiram a um vídeo sobre a Mediação de Conflitos e Abordagens Restaurativas. Em seguida, foi realizada uma videoconferência, na qual apresentamos detalhadamente a proposta do curso: propósito, formato, participantes, duração, conteúdo programático, demanda de dedicação individual e coletiva, preparação para a visita da tutora, avaliação individual, Plano de Ação coletivo e responsabilidades. Ao final da videoconferência, as escolas deveriam discutir internamente na equipe gestora o interesse em participar do curso. Caso decidissem por aderir à formação, cada gestor deveria responder individualmente a um questionário previamente enviado. A partir dos interesses das escolas, formou-se um grupo de cinco escolas, totalizando 30 participantes que integraram o Projeto Piloto. Compusemos inicialmente dois grupos, com 15 alunos para cada tutora, porém atuávamos concomitante em ambos. Nos dois semestres subsequentes novos processos de sensibilização e adesão ocorreram, sendo capacitadas seis escolas a cada turma com aproximadamente 40 participantes para cada tutora, totalizando 17 escolas, em 16 Estados diferentes, com 192 capacitados em três semestres. Destes, só não foram aprovados no curso aqueles que, por algum motivo, foram desligados das atividades pedagógicas na escola e, com isso, perderam o acesso ao curso. Todos os demais cumpriram, pelo menos, 70% do conjunto de atividades individuais e coletivas exigidas para a certificação. No entanto, é possível perceber diferentes níveis de aproveitamento e comprometimento com o curso por meio da qualidade e da pontualidade das postagens dos mesmos. Entendemos que aproximadamente 5% dos alunos não apresentaram um aproveitamento qualitativo conforme o esperado.

Como parte do processo de formação por meio de Ensino a Distância, cada escola recebeu a visita de uma das tutoras. Anteriormente à visita, cada escola respondeu a um questionário sobre pedidos às tutoras e necessidades da escola, bem como a construção conjunta de uma agenda de atividades durante a visita, com o propósito de colocar em prática o que estava sendo aprendido no curso por meio do desenvolvimento de práticas com alunos, apresentação e disseminação da proposta junto a professores nas reuniões pedagógicas com funcionários (como, por exemplo, reunião com inspetores e com equipe administrativa).

A cada escola encontrávamos um contexto único com suas características e especificidades regionais. Promovíamos uma conversa inicial para que todos da equipe pudessem ter voz quanto a dificuldades enquanto aluno de Ensino à Distância, esclarecimento de dúvidas teóricas, relato de boas experiências e assim efetivamente as visitas mostraram-se muito produtivas. O ponto de partida era sempre o que cada escola já fazia antes do início do curso e vinha fazendo após seu início no tocante à postura restaurativa. Logo após a realização de práticas pela tutora ou pela própria equipe, refletíamos conjuntamente e compartilhávamos aprendizagens, empoderando, assim, a equipe gestora em suas ações restaurativas voltadas a uma mudança de Cultura na escola. Os educadores passaram a atuar de forma mais segura e encorajada na disseminação e vivência dos princípios, valores e práticas restaurativas em suas unidades escolares após as visitas. A nossa presença fortaleceu vínculos, assim como promoveu maior entrosamento na equipe, troca de pontos de vista tanto sobre os alunos como de novas intervenções e ideias na elaboração dos próximos passos.

No semestre seguinte ao curso de formação, as escolas capacitadas participaram de quatro encontros mensais de assessoria para apoio ao desenvolvimento do Plano de Ação elaborado por todas as escolas participantes para a implementação das práticas restaurativas em suas unidades. Os temas das assessorias foram escolhidos pelo próprio grupo a fim de atender a demandas específicas das escolas. A cada assessoria elaboramos uma didática interativa e inclusiva a fim de que as escolas e seus representantes tivessem a oportunidade de falar assim como de escutar, a partir das interações que se estabeleciam entre os participantes e da reflexão gerada a partir do material preparatório previamente enviado e do diálogo entre eles. Nossa participação ocorreu de maneira colaborativa, dando suporte para o bom andamento dos encontros virtuais.

BUSCA CONSTANTE DA COERÊNCIA

Embora muitas vezes os princípios e valores restaurativos estejam claros em nosso saber, é preciso manter uma coerência entre eles e o nosso fazer. Algo aparentemente tão óbvio é, na verdade, um enorme desafio em todas as nossas ações como professoras-capacitadoras. Aquilo que ensinamos precisa ter concordância com nossas crenças e, acima de tudo, com nossas posturas cotidianas pessoais e profissionais.

Neste sentido, o primeiro princípio a ser cuidado é o da voluntariedade. As escolas participantes do projeto deveriam ter uma adesão voluntária. A sensibilização visa oferecer informações suficientes para que a equipe gestora possa entender a proposta do curso e avaliar o quanto esta vai de encontro às necessidades cotidianas da escola. Em outras palavras, a escola decide se quer participar, se é o momento para tal e quais aspectos entende que precisam ser considerados para uma efetiva participação.

Outro importante princípio refere-se à construção do senso de comunidade, que constitui a base da pirâmide restaurativa (ações proativas informais e reativas informais e formais), que embasa a Pedagogia Relacional Restaurativa. O curso, mesmo a distância, precisa promover a construção de uma comunidade de aprendizagem e de prática, na qual todos sintam-se incluídos, interajam de forma respeitosa e colaborativa, empáticos com seus colegas e tutores por meio do diálogo e desenvolvam uma responsabilização coletiva pelo bem-estar do grupo. A estrutura do curso, capítulos e atividades, foi integralmente pensada e norteada pela importância da construção do senso de comunidade tanto no grupo em formação, como entre as equipes gestoras em suas unidades escolares.

Mais um importante aspecto foi constantemente considerado: todo procedimento restaurativo resulta em uma ação. Sendo assim, ao longo do curso, de modo constante, as atividades teóricas e reflexivas referentes a habilidades comunicacionais bem como cada uma das práticas restaurativas aprendidas foram transformadas em exercícios vivenciais. Em outras palavras, cuidamos da conexão entre o saber e o saber fazer e após cada atividade prática, promovemos uma reflexão em ação. Com isso, procuramos assegurar o empoderamento dos educadores e das instituições escolares. Nesta mesma direção, ao final do curso cada unidade escolar elaborou um Plano de Ação para a implementação das abordagens restaurativas na escola, englobando propostas disseminadoras para todos os segmentos da comunidade escolar a serem realizadas no ano seguinte da capacitação.

MUDANÇA PARADIGMÁTICA

Se, ao início do Projeto Piloto com as cinco escolas tínhamos uma enorme dúvida sobre a possibilidade de uma mudança paradigmática dos participantes por meio de um Ensino a Distância, ao final das assessorias com esta turma, as dúvidas haviam se transformado em certezas sobre a efetiva possibilidade das transformações paradigmáticas individuais e institucionais por meio desta modalidade de ensino virtual.

Estávamos diante de um grupo de educadores restaurativos, envolvidos com a transformação da Cultura Escolar e disseminação da Cultura da Paz. Cada um em seu ritmo, com seu perfil pessoal, mas sem dúvida aderidos à Pedagogia Relacional Restaurativa e comprometidos com o desenvolvimento de uma Escola Restaurativa. Gradualmente, as unidades escolares foram aderindo ao agir restaurativo lidando com os conflitos presentes nas relações cotidianas. Estes sempre existirão, porém, o modo de resolvê-los é que promoverá aprendizado e fará diferença na convivência.

Alguns indicadores importantes demonstraram novas atitudes frente a tradicionais posturas na comunidade escolar. Em uma delas, as reuniões de pais passaram a ser desenvolvidas sob o formato de "Hora de Círculo" (atividade interativa em formato circular), resultando em um aumento significativo de presença dos pais nos encontros, bem como outra qualidade de participação, dando início ao desenvolvimento de uma importante parceria pais e escola. Outro exemplo interessante refere-se a uma escola que recebeu a visita do Conselho Tutelar responsável pela região. Os conselheiros a procuraram para saber o que ela estava fazendo de diferente, pois os pais referiam uma importante mudança na forma de lidar com as situações de violência, bem como cuidados com as relações interpessoais no cotidiano escolar. Em uma das escolas a postura restaurativa nos atendimentos aos pais trouxe ganhos significativos. Anteriormente ao curso, a presença dos pais era solicitada para informar o desempenho escolar de seu filho. Neste novo enfoque restaurativo, o aluno passou a ser incluído na reunião da escola com seus pais, com o propósito de construir uma responsabilização coletiva aluno-escola-família em relação à educação do jovem, com maior comprometimento de todos.

E, por fim, nos momentos de encontros presenciais com os gestores das escolas, eles mesmos propunham utilizar técnicas de comunicação para melhor entendimento no grupo, enfim, aderidos a esta nova maneira de participação dialógica, inclusiva e respeitosa.

Sabemos que o processo de mudança da Cultura em uma Instituição de Educação ou mesmo outras Instituições se dá por meio de um processo gradual que se inicia pelo levantamento de sua condição atual, passando pela reflexão do que se busca transformar, levantamento dos recursos que a Instituição possui e quais pretende desenvolver, bem como a promoção de ações que efetivamente garantam a realização das transformações desejadas. Manter este foco como um norteador constante, oferecendo à escola novas possibilidades para o cuidado com a convivência, e a construção de uma postura restaurativa, garantiu a efetividade do ensino a distância.

Outro ponto relevante foi constatar que, mesmo virtualmente, os depoimentos espontâneos dos participantes durante o processo do curso fortaleceram a convivência entre eles, favorecendo uma participação mais colaborativa. Exemplo disso, não raro nos despedíamos com música, poesia e citações, revelando um espaço relacional descontraído e com novas possibilidades de vivenciar no curso e no dia a dia escolar ações que efetivassem novos resultados. Uma comunidade virtual engajada, criativa e de mútua aprendizagem.

Como tutoras, nós experienciamos um rico crescimento pessoal e profissional. A cada grupo de participantes estávamos diante de contextos e pessoas diferentes e a cada visita às escolas voltávamos enriquecidas pela diversidade de ações e transformadas pelo convívio e aprendizado compartilhado.

CONCLUSÃO

Atualmente, a crescente demanda por educação continuada é o fator que aponta para a expansão do Ensino a Distância no Brasil e a iniciativa pioneira do curso Mediação Escolar e Abordagens Restaurativas mostrou-se efetiva no tocante ao propósito original de transformação paradigmática e cultural dos participantes e suas Instituições. Mas esta efetividade deu-se devido a cuidados constantes em guardar coerência entre os princípios e valores restaurativos e as ações propostas na capacitação, bem como no investimento constante no desenvolvimento e sustentabilidade de uma comunidade de aprendizagem respeitosa e colaborativa.

Cabe ressaltar o cuidado do professor-tutor em um curso de formação, isto é, desenvolver uma didática e metodologia participativa que promova a construção de saberes por parte do aluno para que seja protagonista de sua aprendizagem, motivar e instigar a participação deste evitando a desistência e o desencanto pelo saber.

Princípios como a inclusão, o direito de voz a todos, o respeito às diferenças e a transformação por meio da convivência pautada no diálogo foram norteadores constantes que colaboraram para a construção de comunidades escolares fortalecidas e empenhadas na implementação das abordagens restaurativas, permeadas pela responsabilização compartilhada. Esta é, sem dúvida, a expressão de uma mudança paradigmática.

Enfim, uma experiência que vale ser multiplicada em capacitações, superando obstáculos como a distância física ou mesmo dificuldades como a ausência simultânea de todos os gestores da escola para participar de capacitação e de práticas ou mesmo entraves na grade horária dos educadores e funcionários.

Como desdobramento mais um projeto está em fase final de estruturação. Nesta nova perspectiva, elaboramos um curso a distância sem tutoria, com caráter informativo que poderá ter tanto um propósito de sensibilização das escolas sobre a Mediação de Conflitos e Abordagens Restaurativas quanto oferecer material de reflexão para toda a equipe escolar ou mesmo ser um material complementar a capacitações presenciais.

As possibilidades são diversas e muito se pode evoluir e transformar no que se refere à própria concepção de educação, uma vez que se esteja comprometido com a preservação da coerência entre os princípios e as ações restaurativas.

Finalizamos com as palavras da idealizadora do projeto: *"O maior problema do mundo é a falta de tolerância, que gera desde a desunião familiar até guerras mundiais. Para combater a intolerância, não bastam medidas de contenção da violência ou leis que punam o preconceito. É preciso educar e estimular o diálogo e a negociação desde a infância. Por isso, a importância deste curso nas escolas, ensinando os adultos para que ensinem as crianças. Assim, se amplia a rede de pessoas que têm na convivência uma forma de evolução".*

REFERÊNCIAS BIBLIOGRÁFICAS:

Livros e Artigos:

ASSUMPÇÃO Cecilia. *Responsabilização coletiva: uma prática restaurativa para construção de paz na convivência escolar,* in Revista Veras, n 5, 2015.

http://dx.doi.org/10.14212%2Fveras.vol5.n1.ano2015.art200

ASSUMPÇÃO Meirelles, Cristina. *A Mediação de conflitos nas escolas,* São Paulo: Revista Nova Perspectiva Sistêmica, 2008.

ASSUMPÇÃO Meirelles, Cristina. *Práticas Restaurativas nas Escolas,* in Diálogo, Mediação e Justiça Restaurativa, Pelizzoli e Sayão (org.), Recife: Editora Universitária, 2011.

ASSUMPÇÃO Meirelles, Cristina. *Mediação de conflitos e abordagens restaurativas: construindo relacionamentos saudáveis nas comunidades escolares,* in Revista Veras, v.04 - n. 02.

http://iseveracruz.edu.br/revistas/index.php/revistaveras/article/view/170/133.

ASSUMPÇÃO Meirelles, Cristina. *Na escola: responsabilizar é mais eficiente e educativo do que punir,* Portal Namu, http://www.namu.com.br/artigos/na-escola-responsabilizar-e-mais-eficiente-e-educativo-do-que-punir Publicado em 25/05/2015.

CECIP e APS. *Conflitos na Escola: Modos de Transformar,* Imprensa Oficial do Estado de São Paulo, 2009.

CUBAS, Viviane. *Violência nas Escolas. Como defini-la?,* in Violência na Escola. Um guia para Professores, Ruotti, Caren; Alves Renato; Cubas, Viviane. Imprensa Oficial do Estado de São Paulo, 2007.

COSTELLO, Bob, Watchel, Joshua, Washtel, Ted. *Círculos Restaurativos nas Escolas, International Institute of Restorative Practices,* Peru: 2011.

COSTELLO, Bob, Watchel, Joshua, Washtel, Ted. *Manual de Práticas Restaurativas, International Institute of Restorative Practices,* Peru: 2012.

COSTELLO, Bob, Watchel, Joshua, Washtel, Ted. *Reuniões de Justiça Restaurativa,* The Piper's Press, Bethelheim, 2010.

DELORS, Jacques (coordenador). *Um Tesouro a Descobrir,* São Paulo: Cortez Editora, 1999.

FREIRE, Paulo. *Empoderamento em seu Sentido Transformador,* 2005. www.compact.org/about/popup.php?id=19

FUCKS, Saul e **Rosas Eloísa**. *La Facilitación Sistémica de Pro-*

cesos Colectivos, Rosário: Revista IRICE. Nº 20. Novembro, 2009.

Grecco, A. e outros. *Justiça Restaurativa em Ação - Práticas e reflexões,* São Paulo: Dash Editora, 2014.

HOPKINS, Belinda. *Just Schools", Jessica Kingley Publishers,* London and Philadelphia, 2004.

HOPKINS, Belinda. *Restorative Classroom,* London: Optimus, 2011.

ROSENBERG, Marshall. *Comunicação não Violenta - Técnicas para aprimorar relacionamentos pessoais e profissionais,* São Paulo: Editora Ágora, 2006.

MELO, Eduardo; Ednir, Madza; Yazbek, Vania; *Justiça Restaurativa e Comunitária em São Caetano do Sul - Aprendendo com os conflitos a respeitar direitos e promover cidadania,* São Paulo: CECIP, 2008. http://www.tjsp.jus.br/Download/CoordenadoriaInfanciaJuventude/JusticaRestaurativa/SaoCaetanoSul/Publicacoes/jr_sao-caetano_090209_bx.pdf

MORRISON, Brenda. *Justiça Restaurativa em Escolas,* in Elliott, E e Gordon, R., eds., New Directions in Restorative Justice: issues, practice, evaluation, Devon: Willan Publishing, 2005.

NUNES, Antônio, *Como Restaurar a Paz nas Escolas,* São Paulo: Editora Contexto, 2011.

PEARCE, Benett. *Novos modelos e metáforas comunicacionais. A passagem da teoria à prática, do objetivismo ao construcionismo social e da representação à reflexividade* - in Novos Paradigmas, Cultura e Subjetividade - organizadora Dora Schnitman, Porto Alegre: Artmed, 2006.

PRANIS, Kay, *Processos Circulares. Série da reflexão à ação. Teoria e Prática,* São Paulo: Palas Athena. 2010.

SOUZA, Ana Paula; Isler, Daniel; Bater, Dominic; Penido, Egberto; Tchorbadjian, Luciana; Ednir, Madza; Mumme, Monica; Yazbek, Vania. *Justiça e Educação em Heliópolis e Guarulhos: parceria para a cidadania,* São Paulo: CECIP, 2007

http://www.tjsp.jus.br/Download/CoordenadoriaInfancia-Juventude/Pdf/JusticaRestaurativa/Artigos/ArtigoJR-IOB.pdf

UNITED NATIONS, Resolução 2002/12 do Conselho Econômico e Social das Nações Unidas, 2002 in *Handbook on Restorative Justice Programmes,* United Nations, 2006, http://www.unodc.org/pdf/criminal_justice/06-56290_Ebook.pdf

VASCONCELOS. Carlos, *Mediação de Conflitos e Práticas Restaurativas. Modelos, Processos, Ética e Aplicações,* São Paulo: Editora Método, 2008.

ZEHR, Howard. *Trocando as Lentes – Um novo foco sobre o crime e a justiça,* São Paulo: Palas Athena, 2008.

EHR, Howard, *Justiça Restaurativa",* São Paulo: Palas Athena, 2012.

VÍDEOS RECOMENDADOS:

Práticas de sucesso na resolução de conflitos - Telma Vinha

https://www.youtube.com/watch?v=9gk_Cb7NLMQ

Escuta Ativa - Boletín Elkargunea Agerkaria, Janeiro 2009.

www.fundaciongizagune.net

Entrevista com Kay Pranis sobre a Justiça Restaurativa

https://www.youtube.com/watch?v=QstUML3-UJ0

Projeto de São Caetano do Sul

https://www.youtube.com/watch?v=GNijhlu8BtA

https://www.youtube.com/watch?v=WX5AcndNf64

Projeto de Heliópolis e Guarulhos

http://www.tjsp.jus.br/Egov/InfanciaJuventude/Coordenadoria/JusticaRestaurativa/GuarulhosHeliopolis/Video.aspx?f=7

Entrevista da Dra. Belinda Hopkins na Uni ABC http://www.youtube.com/watch?v=4GKfwJVcqek&feature=relmfu http://www.youtube.com/watch?v=dpDm4kF3aUA&feature=relmfu http://www.youtube.com/watch?v=HsMfWd9FrmU&feature=relmfu

Justiça Restaurativa no Brasil

http://youtu.be/C0mSid0LVzg

Projeto de Barueri

https://www.youtube.com/watch?v=PFhuOMXl1Jk

Mediação Resolve Conflitos em Escola https://www.youtube.com/watch?v=4CAJ9ZgByWY

Mediação em Movimento

https://www.youtube.com/watch?v=Zz_wb7zuGZ0

Mediação em Movimento

https://www.youtube.com/watch?v=_pU3pO1lT90

Incendiando Pontes - International Institute for Restorative Practices - https://www.youtube.com/watch?v=tBMIE-ManHoA

Abordagens Restaurativas - Transforming Conflicts

https://www.youtube.com/watch?v=9MsWz47rYyw

CAPÍTULO 5

A VOZ DE QUEM FEZ O TRABALHO DE JUSTIÇA RESTAURATIVA COMUNITÁRIA EM SÃO CAETANO DO SUL

Cristina Telles Assumpção e Dante Grecco

Uma das experiências mais ricas e duradouras na área de Justiça Restaurativa no Brasil ocorreu em São Caetano do Sul, Município localizado na Região Metropolitana de São Paulo, onde, em 2005, aconteceu um dos três projetos piloto brasileiros de Justiça Restaurativa. No ano seguinte, em 2006, teve início o Projeto de Justiça Restaurativa em âmbito comunitário que se estendeu até final de 2016. Lá, os paradigmas restaurativos foram colocados em prática por mais de dez anos. Cerca de 30 lideranças comunitárias, entre representantes de ONGs, da Terceira Idade, de grupos de minorias e líderes religiosos foram capacitados pela equipe Justiça em Círculo e passaram a atuar na cidade como facilitadores das práticas de Justiça Restaurativa Comunitária e muito provavelmente o importante trabalho deste grupo de voluntários não teria durado tanto tempo sem o engajamento, a disposição, a força de vontade e a extrema dedicação de duas mulheres que, sem exagero, podem ser chamadas de embaixadoras da Justiça Restaurativa Comunitária em São Caetano do Sul.

Uma delas chama-se Shirley Rose Buck, 78 anos, casada, cinco filhos, sete netos, dona de casa, com estudo formal até o oitavo ano do Ensino Fundamental, muito curiosa e autodidata. A outra é Vera Lúcia Gomes de Lima, 60 anos, casada, três filhos, que frequentou até o terceiro ano de Administração de Empresas e Comércio Exterior na Universidade Metodista de São Bernardo do Campo. Durante muito tempo Vera também trabalhou como agente comunitário de Saúde em São Caetano do Sul. Ambas são moradoras do bairro de Nova Gerty e, embora residam a poucas quadras de distância, ainda não se conheciam até começarem a participar das capacitações de facilitadores de Justiça Restaurativa.

"Sempre quis ajudar o próximo e o trabalho com a Justiça Restaurativa foi muito importante para mim. Tanto que muita coisa que aprendi nas capacitações também tornou-se útil na minha vida familiar", lembra dona Shirley, uma senhora simpática, falante e extrovertida, cujos olhos parecem brilhar quando indagada sobre a evolução do trabalho realizado ao longo de tanto tempo na cidade. Já dona Vera, embora um pouco mais reservada, também sente orgulho em relatar as experiências que vivenciou como voluntária durante o tempo em que atuou na área de Justiça Restaurativa na cidade. Com excelente memória, lembra detalhes dos conflitos ocorridos há vários anos, os quais ela, quase sempre ao lado de dona Shirley, colocando em prática os princípios e valores da Justiça Restaurativa, ajudou a solucionar.

Ao longo desses mais de dez anos, elas calculam que facilitaram cerca de 500 encontros restaurativos. Isso mesmo:

500 casos, envolvendo diversos tipos de situações, desde conflitos entre alunos, professores, coordenadores pedagógicos e diretores de escolas, passando por casais em complexos processos de separação, além de conflitos envolvendo jogadores juvenis de times de futebol, entre outros. Todos esses casos estão devidamente registrados à mão em vários cadernos universitários que dona Vera, além de guardar com todo cuidado e carinho, costuma acariciar enquanto relembra algumas das histórias aqui relatadas. "Eu fico muito feliz quando, mesmo passado alguns anos, encontro nas ruas pessoas que atendemos e elas dizem que fomos muito importantes para elas naquele momento complicado pelo qual passavam", relata dona Vera com a satisfação, a alegria e a certeza de quem realizou um bom trabalho.

O COMEÇO DE TUDO

Dona Shirley se recorda bem sobre como e quando o trabalho de Justiça Restaurativa Comunitária teve início em São Caetano. "Corria o ano de 2006 e eu frequentava um grupo de Terceira Idade. Naquela época, tinha claro para mim que queria trabalhar para ajudar o próximo. Fui até aconselhada a fazer um trabalho voluntário. Logo depois fiquei sabendo que o Juiz de São Caetano iria oferecer um curso de Justiça Restaurativa no Centro de Terceira Idade da cidade. Alguns dias depois, telefonei para o Juiz, o Dr. Eduardo Rezende Melo, que atendeu imediatamente. Eu fiquei empolgada. No dia marcado para início do curso eu me apresentei no local combinado. Havia vários interessados, inclusive um moço do Canadá. Mas, ao chegar lá, estava tudo fechado. Nisso, fiquei conhecendo várias pessoas, inclusive a Vania Yazbek, responsável pela capacitação, que, aliás, estava muito nervosa", lembra dona Shirley.

Após esse inconveniente inicial, teve início o processo de capacitação dos interessados. Como é comum nesse tipo de atividade voluntária, no começo a formação envolveu várias pessoas. Inicialmente, todos os integrantes do curso atuaram como facilitadores de Justiça Restaurativa comunitários, mas, com o tempo, alguns desistiram. Em 2008, por exemplo, havia dez pessoas. Um ano depois eram três: dona Shirley, dona Vera e sua filha Vanessa, que ia quando possível. Algum tempo depois só restaram as duas. "Não faltei em nenhuma aula. E, embora não soubesse o significado das palavras Justiça Restaurativa, logo me identifiquei com a proposta. Depois, inclusive, fiz todos os cursos indicados pelo Dr. Eduardo. Foram ótimos", lembra dona Shirley.

O processo de formação dos facilitadores voluntários de São Caetano do Sul levou cerca de seis meses. Nesse período, as capacitações inicialmente foram desenvolvidas por meio de atividades informativas, autorreflexivas e vivenciais – em cinco encontros de oito horas cada – e, em um segundo momento, por uma supervisão de prática - com dez oficinas quinzenais com três horas de duração cada, quando os facilitadores começaram seus atendimentos restaurativos. Ambas as etapas da capacitação foram de responsabilidade da equipe da Justiça em Círculo, em especial Vania Yazbek, Cristina Assumpção, Violeta

Daou, Marta Marioni e Monica Burg. O conteúdo programático englobava o desenvolvimento de habilidades conversacionais, violência doméstica e de vizinhança como tema, justiça como valor, conceito e diferenciais de Justiça Restaurativa e Justiça Retributiva e a metodologia da Comunicação Não Violenta aplicada aos encontros restaurativos.

O ponto mais marcante desta capacitação foi a construção conjunta de conhecimentos por parte de facilitadores e capacitadores. Todos estavam aprendendo a fazer juntos, abrindo caminhos nunca antes trilhados no Brasil, movidos pela crença comum de que novas formas de ação eram prementes para lidar com a violência social e conflitos inter-relacionais. Dona Shirley ainda se recorda de algumas premissas básicas da Justiça Restaurativa que aprendeu durante o processo de capacitação. "O curso nos deu uma visão importante para o atendimento das pessoas. Nós entendemos que cada pessoa é uma pessoa e cada caso é um caso", lembra. Dona Vera também se recorda bem do início das capacitações. "A gente aprende a importância de ouvir", diz.

Uma vez que se buscava a ampliação do projeto para além da resolução de conflitos, ou seja, para um alcance de uma dimensão de governança local, uma metodologia ainda inédita no Brasil denominada Zwelethemba foi trazida da África do Sul para a capacitação dos facilitadores comunitários de Justiça Restaurativa. Dessa forma, o projeto recebeu três coordenadores do Projeto Sul-Africano de Zwelethemba, responsáveis por ministrar um seminário com duração de seis dias para os representantes da comunidade, do Judiciário e da Rede de Garantias dos Direitos da Criança e do Adolescente e de diversos Equipamentos Sociais. Após o seminário, a equipe Justiça em Círculo deu continuidade à implementação desta metodologia restaurativa.

TEORIA COLOCADA EM PRÁTICA

Após o término da capacitação, era chegada a hora de colocar em prática os conhecimentos teóricos. Nesse momento, o grupo de facilitadores capacitados foi convidado, por indicação do Fórum de São Caetano, a montar um plantão aos sábados pela manhã na Escola Estadual Padre Alexandre Grigoli, no bairro de Nova Gerty, onde acontecia o Programa de Escola da Família. No início, os casos eram encaminhados para os facilitadores pelo Fórum, pelo Conselho Tutelar e pelo Centro de Referência Especializado de Assistência Social (CREAS) do Município. Com o tempo, algumas pessoas que haviam sido atendidas no Programa de Justiça Restaurativa Comunitária passaram a indicar casos e também começaram a surgir as buscas espontâneas, uma vez que o trabalho dos facilitadores foi se tornando cada vez mais conhecido pela comunidade do bairro.

"No começo, foi muito difícil. A gente apanhou bastante até aprender e entender as pessoas e procurar ajudar os dois lados. Afinal, os dois lados precisam de ajuda", concordam dona Shirley e dona Vera. No início, o plantão reunia várias pessoas, que iam alternando os atendimentos. Havia uma regra de ouro. Quando se conhecia o adolescente ou a sua família, o atendimento era transferido para outro facilitador que não conhecia as pessoas envolvidas. Mas, aos poucos, com a redução do número de voluntários, essa regra precisou ser colocada de lado, o que, claro, não afetou os objetivos e a qualidade do trabalho realizado. "A gente não brincava em serviço, não. Ficávamos ali, atendendo no plantão o sábado inteiro, quase sempre sem almoçar", comenta dona Shirley.

Aos poucos, a experiência da resolução de conflitos por meio das práticas restaurativas e da Cultura de Paz realizada pelo grupo de voluntários começou a ser mais conhecida e divulgada na cidade. A ponto de a direção da própria escola onde era realizado o plantão ter chamado exatamente dona Shirley e dona Vera para uma conversa. Elas lembram que, na ocasião, devido a um grave problema relacionado a *bullying* tanto a coordenação pedagógica quanto a direção da escola estava enfrentando problemas sérios e recorreram à Justiça Restaurativa. "Para nós, foi o maior desafio que passamos. Trememos na base. A situação era muito complicada. O caso havia chegado a um ponto em que a direção da escola, que tinha experiência e conhecimento para lidar com as crianças, estava chamando duas pessoas sem formação superior, mas que haviam feito o curso de Justiça Restaurativa, para tentar ajudar a solucionar o problema", recorda-se Vera.

De fato, o problema era complicado e já tinha envolvido os cerca de 500 estudantes da escola. Além disso, havia situações delicadas, como o fato de o pai de um dos alunos ser policial. O ponto é que tanto Shirley como Vera encararam esse desafio de frente com maturidade e experiência, lançando mão de conhecimentos e metodologias que aprenderam durante a capacitação e ao longo dos atendimentos que haviam realizado anteriormente. "Nós atendemos a classe com 35 alunos. Também realizamos seis pré-círculos para ouvir todos os alunos envolvidos, além de alguns pais e representantes da comunidade escolar, como faxineira, merendeira, professora, coordenadora e diretor. Depois, realizamos mais três pré-círculos para ouvir todos os envolvidos. Nesses pré-círculos, a gente reforçava que ali nós éramos todos iguais. No total, foram realizados seis Círculos até que conseguimos chegar à raiz do problema. Para isso, inclusive, as reuniões aconteciam não mais aos sábados, e sim às quartas-feiras à noite para que todos pudessem participar", relata Vera, com uma ponta de orgulho e satisfação.

Com o tempo, muita energia e muito trabalho tudo se resolveu a ponto de o diretor da escola tê-las chamado para mais uma conversa particular, enaltecendo o trabalho realizado e que ele deveria ser expandido a outras escolas da rede. "Graças a Deus nas escolas nós tivemos bons resultados porque um dos trabalhos com os quais eu sempre me identifiquei muito é com adolescente e criança. Quando eles chegam, eu os elogio bastante. Primeiro, eu ponho a moral deles lá em cima. Pode ser o maior danadinho que for, eu ponho a moral dele lá em cima. Depois, começamos o atendimento. No fim, ele vem nos abraçar e agradecer e falar que daqui para frente vai mudar. Olha, ouvir aquilo não há dinheiro que pague", comenta dona Shirley.

OUTROS CASOS

O êxito do trabalho realizado na Escola Estadual Padre Alexandre Grigoli chamou bastante a atenção a ponto de o Conselho Tutelar de São Caetano ter solicitado a presença das voluntárias para conduzir um atendimento na Escola Municipal de Ensino Professora Alcina Dantas Feijão, no bairro Mauá, também em São Caetano do Sul. Tratava-se novamente de um caso de *bullying*, envolvendo um garoto que havia brigado com outro na escola. Para complicar ainda mais a situação o pai de um dos garotos era ex-presidiário e, dizia-se, havia ameaçado a diretora da escola. Já experientes e desenvolvendo cada vez melhor as práticas restaurativas para encontrar um caminho para a situação, Shirley e Vera organizaram pré-círculos e Círculos de conversa com os pais dos garotos envolvidos, além do coordenador e da diretora da escola. Dessas conversas também participou um representante do Conselho Tutelar. Depois de vários Círculos de conversa, mais uma vez, os envolvidos solucionaram o problema.

Com o passar do tempo, elas foram somando cada vez mais novos atendimentos. "Um deles, por exemplo, era de um casal que tinha três filhos e havia passado por um processo complicado de separação. A relação entre os pais era tão ruim que eles não se falavam há mais de três meses. Era muito sofrido para os filhos", lembra dona Vera. O ex-marido já tinha até outra mulher. Com o tempo e o trabalho realizado pelas facilitadoras, os nós começaram a ser desatados, o ex-marido já conseguia conversar com a ex-mulher, o relacionamento entre eles melhorou a ponto de, algum tempo depois, um dos filhos ter dito a elas que todos eles até tinham saído para comer pizza juntos, incluindo a nova mulher do pai das crianças.

Outro caso emblemático aconteceu após a briga que houve durante um jogo de futebol envolvendo técnicos, familiares e atletas das equipes infantis, crianças que tinham entre 9 e 12 anos de idade, do Corinthians e do São Caetano. Após encontro reunindo advogados das partes no Fórum da cidade, dona Shirley e dona Vera foram convidadas para atender os envolvidos, o que aconteceu com a realização de Círculos em três sábados consecutivos.

Infelizmente, por diversos motivos, esse importante trabalho voluntário realizado no município de São Caetano do Sul se encerrou no final de 2016. "Sinto bastante falta. Era muito bom poder ajudar os outros. A gente fazia por amor. É gratificante porque eu acho que de alguma maneira eu consegui ajudar o próximo. Tudo o que a gente faz nunca é em vão", diz dona Vera. "Esse é o nosso maior salário", conclui dona Shirley.

A Justiça Restaurativa comunitária em São Caetano do Sul é, sem dúvida, uma experiência ímpar que merece não apenas ser enaltecida como também replicada em todo o País. Programas como este reafirmam os importantes ganhos do empoderamento comunitário e do valor e retorno do empenho investido. A Justiça Restaurativa é, em si, a comunidade em ação na busca do bem-estar de todos a partir de recursos próprios. Os relatos de dona Shirley e dona Vera são exemplos vivos da Justiça Restaurativa, ou seja, a Justiça Restaurativa em ação.

CAPÍTULO 6

REINSERÇÃO FAMILIAR E SOCIAL DO DEPENDENTE QUÍMICO POR MEIO DA METODOLOGIA DA JUSTIÇA RESTAURATIVA

Joyce R. Markovits

"O ato de ouvir exige humildade de quem ouve.
E a humildade está nisso: saber, não com a cabeça,
mas com o coração, que é possível que o outro
veja mundos que nós não vemos."

Rubem Alves

INTRODUÇÃO

Atualmente a droga está mais próxima do que se imagina. Pode estar na porta das escolas, dentro das faculdades/universidades, nas esquinas. Quantos de nós conhecemos pessoas que vivem ou viveram esse drama e as consequências para suas famílias? O que leva algumas pessoas a se envolverem com drogas? Pelas estatísticas, apenas uma pequena porcentagem de usuários não sabe do veneno contido nelas. A maioria, especialmente de jovens, conhece os riscos, mas se ilude pensando que nada acontecerá consigo.

Vivencia-se uma situação em que o uso do álcool e drogas tem sido um tema de ampla complexidade, com estudos variados, inclusive neurocientíficos a respeito do desenvolvimento da função cerebral, e pesquisas sobre os índices de suscetibilidade de acordo com a idade, etc. Há muitas ações promovidas por órgãos governamentais, não governamentais e instituições. Igrejas católicas, centros representativos de diversas religiões, organizações de cunho social e comunitário, entre outros, têm enfrentado dificuldades para atuar com efetividade frente a ocorrências vinculadas ao uso de álcool e de drogas.

O projeto descrito a seguir, proposto pela Comissão Especial de Estudos sobre Educação e Prevenção de Drogas e afins, da OAB/SP, visa ser mais uma frente de apoio e colaboração para a reinserção do dependente químico na família e na sociedade, apresentando a utilização dos Círculos de Construção de Paz como metodologia da Justiça Restaurativa no trabalho com dependentes químicos.

Justiça Restaurativa é um processo de diálogo em que o formato circular permite às pessoas estarem em posições igualitárias, ou seja, sem qualquer hierarquia, onde possam ouvir e construir relações colaborativas e lidar coletivamente com os conflitos.

Pode ser aplicada para resgatar relações conflituosas, abrangendo questões familiares ou com a sociedade, relevando as relações pessoais prejudicadas por uma ofensa cometida, suas consequências e danos.

A Justiça Restaurativa valoriza a autonomia das pessoas e o diálogo, criando oportunidades para os envolvidos e interessados (ofensor, vítima, familiares, comunidade) se expressarem e interagirem. Assim, viabiliza o desenvolvimento de ações que possibilitem prevenir a violência e lidar com suas implicações e o fortalecimento individual por meio dos vínculos e aprendizados construídos nos Círculos.

Um Círculo de Construção de Paz é uma forma de reunir as pessoas com o objetivo de que todos sejam respeitados; tenham igual oportunidade de falar sem serem interrompidos; possam compartilhar suas histórias, seus pensamentos, seus sentimentos, experiências, aprendizados e dores. Todos são considerados iguais, sem qualquer distinção de hierarquia ou valoração.

Um dos valores fundamentais da Justiça Restaurativa é a responsabilização e a reparação dos danos. Este projeto, desenvolvido com base na metodologia da autora norte-americana Kay Pranis, atende o que preconiza a Resolução 225/2016 do Conselho Nacional de Justiça. Os Círculos realizados e todos os seus desdobramentos propiciam aos participantes a possibilidade de fortalecimento e responsabilização, além de reparar os danos cometidos e atuar preventivamente.

PROJETO

Este projeto foi idealizado pela presidente da Comissão Especial de Estudos sobre Educação e Prevenção de Drogas e afins, da OAB/SP, Sônia Andreotti Carneiro Frúgoli (cuja trajetória e solidificação do projeto são destacadas ao final do capítulo) e tem o propósito de reinserir o dependente químico, após o período de internação, em sua família e/ou na comunidade, em paralelo ao tratamento terapêutico.

O projeto atua em três eixos: Círculos de Convivência, Círculos de Integração Familiar e Círculos de Integração Social, descritos a seguir.

OBJETIVO ESPECÍFICO DO PROJETO

Utilizar os processos circulares da Justiça Restaurativa como ferramentas para atuação na prevenção de recaídas, empoderamento e fortalecimento emocional do usuário de substância psicoativa, dependente químico, proporcionando a redução de indivíduos que necessitam da retaguarda do Poder Público para suas ações, promovendo uma maior autonomia, autoestima e fortalecimento dos vínculos familiares e/ou na comunidade.

METODOLOGIA: PROCESSO CIRCULAR – KAY PRANIS

O Círculo é a forma de agrupamento que possibilita às pessoas falarem e serem ouvidas com respeito, sendo usado ao longo dos tempos como prática de escuta, diálogo e pensamento conjunto.

Sentar-se em círculo propicia estabelecer uma conexão profunda entre as pessoas e de concretizar ideias, valores e a ética das práticas restaurativas. Dessa forma, a principal força do Círculo é dar oportunidade para que os envolvidos se escutem e oferecer a todos, sem exceção, espaço para se expressarem, gerando, assim, um sentimento de inclusão e pertencimento. Essa metodologia assegura às pessoas se colocarem de forma ordenada sob a perspectiva de um tema ou uma pergunta disparadora, embora cada explanação seja totalmente livre.

Segundo Pranis (2014, p. 37):

O Círculo é um espaço intencional formatado para: apoiar os participantes a apresentarem seu "eu verdadeiro" - ajudá-los a se conduzirem com base nos valores que representam quem eles são, quando eles estão no seu melhor momento. Fazer com que nossa interconectividade fique visível, mesmo em face de diferenças muito importantes; reconhecer e acessar os dons de cada participante; evocar a sabedoria individual e coletiva; engajar os participantes em todos os aspectos da experiência humana - mental, física, emocional e espiritual ou na construção de significados; e praticar comportamentos baseados nos valores quando possa parecer arriscado fazê-lo. Quanto mais as pessoas praticam este comportamento no Círculo, mais estes hábitos são fortalecidos para levar o comportamento para outras partes de suas vidas.

ONDE ATUAMOS

Iniciamos em 23 de novembro de 2017 a prática dos processos circulares na Casa de Passagem Beija Flor II/Programa Redenção, destinada à moradia temporária de dependentes químicos e/ou alcoólicos vinculada ao Programa Recomeço - Uma Vida Sem Drogas, da Secretaria Estadual de Desenvolvimento Social e do Programa Redenção da Prefeitura de São Paulo.

Esses programas são destinados ao acolhimento em período integral e de curta duração de usuários de substâncias psicoativas, com a finalidade de promover a reinserção social e familiar após o processo de desintoxicação em leitos hospitalares ou recuperação social em Comunidades Terapêuticas, oferecendo atividades terapêuticas para sua autonomia e resgate de vínculos familiares. Portanto, os processos circulares somam e colaboram para a efetividade dos objetivos propostos nas políticas públicas sobre drogas.

Os resultados positivos desse trabalho despertaram o interesse de alguns técnicos de outros equipamentos de moradias da Prefeitura que recebem acolhidos encaminhados pela Casa de Passagem. Esses técnicos puderam constatar a efetividade do fortalecimento emocional que os processos circulares propiciam e a disposição para reinserção social pelas atividades laborais, manifestaram a vontade de conhecer os Círculos Restaurativos e instalar em seus respectivos equipamentos, núcleos de processos circulares e de Justiça Restaurativa.

Além do termo de cooperação firmado entre a OAB/SP e a SEDS - Secretaria Estadual do Desenvolvimento Estadual - para, por meio dos processos circulares e procedimentos de Justiça Restaurativa, proporcionar a reinserção sócio/familiar do dependente químico, foi firmado o mesmo termo de cooperação entre a OAB/SP e a SMADS - Secretaria Municipal do Desenvolvimento Municipal para ampliação da atuação de processos circulares nas Repúblicas (moradia social), onde seus usuários buscam autonomia do serviço público social.

DESCRIÇÃO DOS PROCESSOS CIRCULARES

O projeto atua em três eixos: Círculos de Convivência, Círculos de Integração Familiar e Círculos de Integração Social.

1. Círculos de Convivência - Nesses processos circulares os participantes partilham reflexões, vivências, aprendizados, dificuldades e têm a oportunidade de aprender uns com os outros. São muito eficazes para levar ao engajamento pessoal dos envolvidos e, portanto, contribuir para seu desenvolvimento pessoal. Os Círculos são realizados semanalmente com os acolhidos presentes e a equipe técnica da Casa de Passagem - Programa Recomeço. Trabalha-se com temas que podem propiciar o autoconhecimento, o fortalecimento emocional, o empoderamento, a assunção de responsabilidade e a identificação de recursos internos para a busca de autonomia.

Estes processos circulares têm o propósito de atender às necessidades dos participantes.

Exemplificando: busca-se o autoconhecimento por meio dos valores trazidos por cada um ou o reconhecimento de suas potencialidades a partir de metáforas, histórias disparadoras, imagens significativas ou perguntas reflexivas. A cada rodada, onde se tem a oportunidade de falar e ouvir, sem interrupção, a pessoa se conhece cada vez mais pela elaboração do que se pretende dizer e principalmente por ouvir a história do outro. A cada Círculo se amplia a possibilidade de mudanças.

Em geral, os Círculos seguem o seguinte roteiro:

a) Apresentação dos facilitadores presentes e do trabalho da Comissão Especial de Estudos de Prevenção de Drogas e afins.

b) Explicação do Círculo de Construção de Paz, um lugar para se construir relacionamentos, onde os participantes poderão se conectar uns com os outros e fortalecer vínculos. O propósito é compartilhar pensamentos e sentimentos. A conversa tem um formato sequencial com o uso da "peça de fala" (talking piece), que se constitui em um objeto significativo para o grupo. Quem está com a "peça de fala" tem o direito de falar sem ser interrompido e os outros de escutar. Por fim, uma breve explicação sobre o "centro", um tecido/tapete colocado no centro do Círculo com o propósito de demonstrar que todos estão equidistantes do centro, não há diferenças entre os participantes e que o centro guardará os valores e as diretrizes, bem como, objetos significativos para cada Círculo realizado.

c) Para demarcar o início de um Círculo, é lida uma poesia, uma história ou trechos de uma música.

d) Apresentação dos participantes: cada um diz seu nome e a cidade onde nasceu, com o objetivo de buscar alguma identidade entre eles. Todos os Círculos começam com as apresentações individuais, tendo em vista que os acolhidos permanecem na Casa em torno de 30 dias. Depois, são encaminhados para outros equipamentos sociais, resultando em alternância de algumas pessoas semanalmente.

e) Construção de valores: cada participante fala sobre um valor que considera importante para sua vida e o motivo pelo qual o escolheu. Anotada em filipetas e colocada no “centro”. A construção de valores é o passo inicial para que cada pessoa partilhe algo significativo sobre si mesma.

f) Construção de diretrizes/combinados: as respostas dos participantes às perguntas “Como vamos estar juntos neste Círculo?” “E como vamos nos tratar?” são anotadas em filipetas e colocadas no centro do Círculo. Os combinados sempre podem ser revistos, o que demonstra a possibilidade de se combinar formas de interagir em grupos.

g) Tema principal: varia de acordo com a necessidade dos acolhidos e pedidos da equipe técnica da Casa de Passagem. A cada semana há um Círculo diferente. Alguns exemplos usados foram:

- Qual foi seu maior desafio até hoje e o que você aprendeu com ele?

- A partir de uma foto de uma borboleta colocada no centro e uma analogia ao seu ciclo de vida (lagarta, casulo e borboleta), fizemos as seguintes perguntas: “Como você se sente?” “Em qual fase do ciclo de sua vida você se encontra?” “O que precisa para ir para a fase seguinte?”.

- A partir de uma foto de um equilibrista de pratos, fazendo uma demonstração em um palco, e, atrás dele, uma escada com vários pratos quebrados e a frase escrita: “Ninguém conhece a tua história”, propõe-se uma reflexão: “Todos temos muitos caminhos percorridos, alguns fáceis, outros não tão fáceis. Nesta caminhada, passamos por frustrações. Como eu lido com elas? Quais recursos eu tenho ou preciso desenvolver para lidar com essas frustrações?”.

- Ou um tema sobre como nos relacionamos uns com os outros e suas implicações. Para isso, pensando no conceito do ser relacional, a partir das relações que constroem novas realidades, novos significados, novos valores e novas práticas, pergunta-se estimulando reflexões: "Se estou sempre me relacionando, como e quem escolho estar ao meu lado?" "O que me leva a fazer certas escolhas?" "O que preciso saber de mim para fazer escolhas melhores?"

- Reflexões sobre aprendizados: falamos sobre o contexto de recaídas com frases trazidas pelos próprios acolhidos em outros Círculos e, por fim, perguntamos. "Como é isso para você? Se já recaiu alguma ou algumas vezes, e quiser compartilhar conosco, como são os prazeres e as dores de uma recaída, poderá ser de grande valia para todos. Quem gostaria de começar?"

- Ainda em ocasiões festivas ou datas comemorativas, procuramos compartilhá-las antecipadamente, para gerar reflexão e subsídios emocionais ao se lidar com elas. Na Copa do Mundo, perguntamos: "O que tem de bom na Copa?" "O que tem de ruim na Copa?" "Como será a sua comemoração em cada jogo ganho?" "E se o seu time perder o jogo, como você lidará com a frustração?"

E muitos outros temas que vão surgindo a cada nova semana, ouvindo-se as necessidades dos acolhidos, da equipe técnica e muitas vezes as nossas. A escolha dos temas que são/serão trabalhados nos Círculos é feita pela equipe de facilitadores que compõem atualmente a Comissão da OAB/SP:

Sônia Andreotti Carneiro Frúgoli (presidente), Betina Pachelli de Carvalho, Flávio Prado, Gil Braz, Larissa Spyker, Michel Rosenthal Wagner e Joyce R. Markovits.

h) Aprendizagem: mais uma vez passamos a "peça de fala" com a pergunta: Do que ouvi aqui, algo que destaco, que aprendi? Esta é uma parte essencial do roteiro, onde as pessoas terão oportunidade de refletir não só sobre suas próprias histórias, mas também como a história do outro pode lhes ensinar. A troca de aprendizagens é muito rica, pois a maioria dos participantes passa por dores e angústias iguais ou parecidas; quando escutam uns aos outros, sempre é com muita atenção. Percebemos que muitos ao identificar recursos nos outros, ativam seus próprios recursos.

i) *Check out*: agradecemos a participação de todos, o compartilhamento de histórias tão sinceras e muitas vezes doloridas. E para encerrar o encontro, pedimos que nos digam uma palavra sobre como estão se sentindo após a vivência do Círculo;

j) Fechamento: em geral, em pé, algumas vezes com mãos dadas, instruímos que a mão direita passa energia para a pessoa à sua direita e a mão esquerda recebe da pessoa à esquerda. Outras vezes, propomos contar a história do grupo, começamos com "Era uma vez..." e cada um falará uma frase sobre aquele momento até a última pessoa terminar a história. Ou cantamos "parabéns à você" quando temos algum aniversariante, ou ainda colocamos uma música pertinente ao tema, enfim tudo que a criatividade nos permitir.

A oportunidade que todos têm de contar suas histórias, suas vivências, suas dores e dificuldades traz um aprendizado único. Todos vivem dores e desafios, alguns semelhantes, outros não, mas todos carregam em si uma dor e uma necessidade de superação, de buscar recursos internos para a retomada da vida em sociedade e familiar digna.

O Círculo não ensina por meio de uma lição direta, oferece oportunidade para pensarmos e refletirmos por meio de histórias.

A participação das múltiplas vozes potencializa o aprendizado. As contribuições da equipe técnica com dados de realidade e de profundo conhecimento técnico, além de suas próprias histórias de vida, enriquecem muito o aprendizado.

Segundo Pranis (2014, p. 16) "Conscientizar-se de suas próprias emoções, das emoções dos outros, e como cada um causa impacto no outro é, reconhecidamente, uma habilidade interpessoal decisiva para uma vida bem-sucedida, tanto pessoal como profissionalmente".

2. Círculos de Integração Familiar - Trabalho realizado com acolhidos e suas famílias dispostas a participar. Por meio dos Círculos de Integração Familiar favorecemos a construção de planos de ação para que as famílias possam dar apoio emocional aos dependentes e, quando possível, promover a reinserção em seus lares, restabelecendo as relações rompidas e reparação de danos causados por conflitos ou desgastes gerados pela drogadição.

Participam do Círculo o dependente químico, sua família, profissionais da área da saúde e do desenvolvimento econômico e trabalho.

O procedimento circular inclui pré-Círculo, Círculo e acompanhamento:

• Pré-Círculo - Encontros individuais ou em pequenos grupos com objetivo de preparação para o Círculo, levantamento das necessidades individuais e pré-condições para a adesão e participação. Nos pré-círculos feitos individualmente com o acolhido, procuramos oferecer a oportunidade de reflexão sobre:

- O que ele deseja para seus próximos passos e como se responsabilizará por eles;

- Construir o seu plano de ação e começar a traçar suas metas;

- O que precisará fazer para atingi-las;

- Quais serão suas necessidades e responsabilidades e se sua família terá possibilidade de apoiá-lo.

Nos pré-círculos com as famílias:

- Acolhemos as dores e dificuldades pelas quais estão passando;

- Perguntamos se pensaram ou sabem como poderiam apoiar o acolhido em sua caminhada e o que gostariam que ele se comprometesse para ajudá-los nesta nova construção de relação.

• Círculo - Encontro de todos os envolvidos para a construção de um plano de ação para necessidades levantadas anteriormente. Para algumas famílias, os Círculos apenas reforçam os vínculos que aos poucos vem sendo refeitos e constroem um plano de ação onde constam direitos e deveres de todos. Para outras famílias, contudo, as conversas não são fáceis, as mágoas afloram e o espaço dialógico, criado no Círculo, permite emergir o reconhecimento dos danos causados no processo de adição. Algumas vezes o plano de ação tem como foco a construção de vínculo emocional.

• Acompanhamento – Encontro com a família e o dependente para acompanhamento do cumprimento do plano de ação, após um tempo de experiência, se há alguma outra necessidade não atendida ou que precisa ser revista.

O eixo da Integração Familiar talvez seja, por ora, o eixo mais desafiador, por duas razões principais:

- Muitas famílias residem fora de São Paulo e não se dispõem a vir;

- As famílias que estão geograficamente próximas também se recusam em participar por terem os vínculos rompidos pelo desgaste da relação (em vários casos a drogadição perdura por mais de 20 anos).

Diante desse desafio, expandimos o projeto para as famílias dos acolhidos no equipamento social Moradia Monitorada - Helvétia, sob a coordenação da Secretaria Estadual da Saúde, juntamente com sua equipe técnica e equipe do Programa Recomeço-Família, com o intuito de promover o fortalecimento e empoderamento das pessoas, através dos Círculos de Convivência e a realização dos Círculos de Integração e

Círculos de Resolução de Conflitos (quando necessário) para a construção de um plano de ação a fim de sedimentar os vínculos e a reinserção familiar.

3. Círculos de Integração Social - Trabalho realizado com alguns acolhidos que têm condições de exercer uma atividade laboral. Com uma parceria com a Secretaria Municipal do Desenvolvimento Econômico, através da participação de um representante seu nos Círculos, inicia-se o processo de inserção das pessoas em vagas oferecidas pelo Programa POT - (Programa Operação Trabalho). Trata-se de um trabalho remunerado de 6 (seis) horas diárias, onde o acolhido continua participando do processo terapêutico e poderá ingressar em cursos profissionalizantes ou seguimento escolar para busca de uma melhoria profissional. Por sua vez, a parceria com a Secretaria Municipal de Assistência e Desenvolvimento Social - SMADS viabiliza moradia próxima ao trabalho e também no encaminhamento de acolhidos que tenham perfil para integrar o Programa Trabalho Novo, que oferece vagas de trabalho formal em empresas parceiras do programa e acompanhamento da evolução e desempenho desse novo colaborador.

A equipe técnica da Casa de Passagem seleciona as pessoas que estão prontas, social e emocionalmente para entrar no mercado de trabalho. A equipe de facilitadores faz um pré-Círculo com cada um deles para acolher as suas necessidades e refletir sobre a sua participação no Círculo com o representante da Secretaria Municipal do Desenvolvimento Econômico, que os ouvirá para identificar suas demandas e possibilidades de vagas oferecidas pelos programas de trabalho.

Após o Círculo, os trâmites são burocráticos entre a Secretaria e a Casa de Passagem, com o envio de relatórios e currículos para a Secretaria e elaboração do contrato de trabalho.

Na prática, esses encaminhamentos têm representado o maior alicerce na recuperação dos dependentes. A motivação demonstrada pelas pessoas encaminhadas se alia ao trabalho terapêutico e muitas vezes corrobora a participação nos grupos de autoajuda como os Narcóticos Anônimos.

SUSTENTABILIDADE DO PROJETO: GRUPO GESTOR

A presidente da Comissão Sônia A. C. Frúgoli nos conta em sua entrevista que este projeto teve, desde o seu início, uma interlocução intersetorial.

Quando iniciamos as práticas dos processos circulares com todos os acolhidos da Casa de Passagem, ficaram prementes a necessidade e o desejo da grande maioria em sua reinserção social iniciada por uma atividade laboral, confirmando que era imprescindível desenvolver ações intersetoriais e interdisciplinares nesse sentido.

Para essa interlocução formou-se o Grupo Gestor, que passou a ter reuniões mensais desde março de 2018, constituindo assim a Rede Secundária de Proteção de Direitos, objetivando uma atuação conjunta, multidisciplinar do Estado e Município para o enfrentamento do problema da drogadição.

Conforme definição de Sanicola (2008), são as redes que reúnem um conjunto de instituições a fim de articular, integrar e potencializar as ações intersetoriais, engajando serviços e ações governamentais ou não governamentais, dando suporte para o cumprimento do plano de ação.

Como afirmam Grecco, A. et al (2014, p. 77), "a rede vem com esse propósito de não ser só um espaço de discussão, mas de colocar em prática as ações planejadas em conjunto". Os autores continuam explicitando que "a Justiça Restaurativa propõe fortalecer o trabalho em rede, promovendo parcerias entre atores e forças e tornando possível superar e enfrentar problemas que isoladamente, nenhuma das instituições ou organizações seria capaz de resolver" (p. 78).

A união das múltiplas vozes permitiu que ações fossem concretizadas, como, por exemplo, os encaminhamentos para os programas de trabalho resultante da parceria com a Secretaria do Desenvolvimento Econômico e com a SMADS - Secretaria Municipal de Assistência e Desenvolvimento Social, que também se responsabilizou pelo encaminhamento dos acolhidos para outros equipamentos de moradias. A Secretaria Estadual da Saúde que além de oferecer apoio médico-terapêutico, que acontece no CRATOD - Centro de Referência de Álcool, Tabaco e outras Drogas, viabilizou que os processos circulares fossem oferecidos para as famílias dos acolhidos na Moradia Monitorada- Helvétia.

INSTITUIÇÕES PARTICIPANTES

Secretaria de Estado do Desenvolvimento e Assistência Social (SEDS), Secretaria da Saúde do Estado e do Município, Secretaria Municipal do Desenvolvimento Econômico (SMDE), Secretaria Municipal de Assistência Social (SMADS), Secretaria Municipal dos Direitos Humanos e Tribunal de Justiça.

BENEFÍCIOS

Os principais benefícios adquiridos pela participação dos acolhidos nos Círculos de Convivência e nos Círculos de Integração Familiar e Social até o momento são:

- A autorreflexão e o fortalecimento emocional individual;
- O empoderamento do acolhido com o sentimento de pertencimento e inclusão;
- Maior autoconsciência e conhecimento do outro;
- O aprendizado de um diálogo construtivo e uma escuta qualificada como facilitadores das relações;
- O estímulo para a responsabilização por seus atos;
- A promoção de transformações voltadas à melhoria das relações entre os participantes, famílias e sociedade;
- A responsabilização pelos acordos construídos;
- A reparação do dano (frente a si mesmo e às famílias) causado pela drogadição;
- A potencialização dos aprendizados pelo compartilhamento de experiências.

RESULTADOS OBTIDOS

Temos tido bons resultados desde o início desse trabalho. As pessoas acolhidas na Casa de Passagem - Programa Recomeço, que participam semanalmente dos Círculos de Convivência, sentem-se mais empoderadas, preparadas e fortalecidas para a reinserção familiar e social e para as atividades laborais.

Destaco alguns depoimentos que surgiram ao longo dos Círculos que ratificam a assertividade desse trabalho:

"...estou aprendendo a me conhecer e ter autodomínio".

"Não é só aprender a parar de usar a droga, é aprender a lidar com o vazio de não usar, readquirir vontade própria".

"Meu maior aprendizado aqui é com as experiências dos colegas".

"Para se continuar no processo de recuperação é preciso ter CORAGEM".

"Aprendi a ouvir e que ouvir ajuda muito na comunicação".

Nos Círculos de Integração Familiar, os acolhidos desenvolvem a responsabilização pela construção de seu plano de ação (projeto de vida) com atendimento de suas necessidades e assunção de deveres, com foco nas perspectivas futuras. O compartilhamento desses planos de ação nos Círculos lhes garante o apoio e a corresponsabilização por parte da família e ainda, com apoio da equipe técnica da Casa de Passagem-Recomeço, assevera maior segurança para a reinserção na sociedade.

Nos Círculos de Integração Social onde se possibilita o encaminhamento para a melhor opção de atividade laboral a cada um, bem como a moradia mais indicada, o ganho de autoestima, segurança e motivação tem sido fundamental no processo de recuperação.

CONCLUSÃO

Este projeto vem se aprimorando cada vez mais, o aprendizado vem da prática. Fizemos aprendendo e aprendemos fazendo.

Inicialmente começamos com os Círculos para reinserção familiar. Já no primeiro pré-Círculo surgiu a ideia de implantar os Círculos de Convivência com todos os acolhidos da Casa. Hoje, passados mais de quinze meses do início dessa prática, chegamos à conclusão de que a foi a decisão mais acertada possível, não imaginávamos que iríamos colher tantos frutos com os acolhidos, como: empoderamento, fortalecimento, autoconhecimento, postura reflexiva, apropriação de uma forma dialógica construtiva, uma escuta qualificada, dentre tantos outros.

A cada Círculo de Convivência ou conversas com a equipe técnica da Casa, identificamos as necessidades e foco dos próximos trabalhos. Como, por exemplo: quando estávamos às vésperas da Copa do Mundo de Futebol, diante de uma fala de preocupação por parte da coordenadora, pensamos em trabalhar no Círculo as questões emocionais que envolvem e que podem ser disparadoras de maior fragilidade emocional.

Com o êxito dessa experiência, aprendemos que datas marcantes e de cunho emocional, merecem cuidados prévios a fim de minimizar seus impactos. Dessa forma, repetimos o Círculo de cuidados previamente ao dia dos pais, das mães, Natal e assim por diante.

A adesão ao processo circular por parte dos acolhidos é grande, a conexão que se estabelece entre todos pela escuta generosa que a própria metodologia convida, possibilita falas empáticas, de apoio e favorece a colaboração e cooperação entre todos.

Trago um exemplo do que aconteceu em um dos Círculos de Convivência, lembrando que tantos outros exemplos como esse de cooperação surgem o tempo todo. Em um Círculo, João (nome fictício), em vez de responder à pergunta reflexiva proposta no dia, contou que só andava pensando em drogas e que no dia seguinte receberia o auxílio Bolsa Família, e que, caso não voltasse para a Casa, os amigos já saberiam onde ele estaria. Na continuidade do Círculo, Antônio (nome fictício) falou empaticamente, dando incentivo ao amigo: "Irmão, aguenta firme porque essa vontade passa. Todos nós já passamos por isso e veja onde estamos". Na última rodada sobre o aprendizado do dia, foi falado sobre a força e cooperação que muitas vezes surgem nos Círculos e que estas atitudes poderiam ir além do Círculo, poderiam se repetir no dia a dia. Logo após encerrada a atividade, João foi ao encontro de Antônio para lhe pedir que o acompanhasse no recebimento do auxílio financeiro e ajudá-lo a se manter firme no processo de recuperação.

A capacidade de solidariedade do ser humano e o processo circular permitem que atitudes de colaboração surjam espontaneamente e se concretizem.

Desde o início com o apoio e ação de todos os envolvidos no Grupo Gestor, pudemos construir as melhores opções de ações para o resguardo dos direitos e garantias dos indivíduos, principalmente daqueles fragilizados e necessitados de uma tutela governamental.

Entendo que unindo forças para cuidar dos aspectos emocionais (Círculos de Convivência, apoio técnico, apoio médico e terapêutico), dos aspectos físicos (moradia e alimentação dignas) e aspectos mentais (atividade laboral e incentivo ao desenvolvimento e aprimoramento profissional) teremos grandes chances de propiciar suporte para o progresso e a efetividade da recuperação do dependente químico.

ENTREVISTAS E DEPOIMENTOS

Entrevista com **Sônia Andreotti Carneiro Frúgoli**, presidente da Comissão Especial de Estudos sobre Educação de Drogas e afins da OAB/SP.

Como se iniciou a participação da OAB/SP através da Comissão Especial de Estudos sobre Educação de Drogas e afins neste projeto de Justiça Restaurativa?

No início de 2013 a Ordem dos Advogados do Brasil - Seccional São Paulo - participou do Convênio com o Governo do Estado de São Paulo, através da Secretaria da Justiça e da Secretaria do Desenvolvimento Social, para atuação no Anexo Judiciário implantado no CRATOD (Centro de Referência de Álcool, Tabaco e Outras Drogas), juntamente com o Tribunal de Justiça do Estado de São Paulo, Ministério Público e Defensoria Pública. Foi criado do Programa Recomeço - "Uma Vida Sem Drogas", pela Secretaria do Desenvolvimento Social, que atua em cinco eixos vinculados a uma política sobre drogas, prevenção, tratamento, reinserção social e recuperação, acesso à defesa e cidadania e revitalização das cenas de uso. O Programa Recomeço promove a interface das políticas de saúde e assistência social aos dependentes químicos e suas famílias. Os advogados voluntários, visando a prestação de serviços à cidadania, atendem as famílias no Anexo Judiciário, e, quando cabível, ingressam com o pedido de internação involuntária, conforme solicitação do ente familiar. Nesse sentido, encontraram nas práticas da Justiça Restaurativa, o manejo adequado e qualificado para o escopo da reinserção social e familiar do dependente químico, que passou por esses serviços de desintoxicação em leitos hospitalares ou recuperação social em Comunidades Terapêuticas legalmente constituídas. Nesse diapasão, entendeu-se viável a aplicação de processos circulares da Justiça Restaurativa, quanto aos aspectos relacionais individuais, comunitários e sociais, em conformidade com a Resolução 225 do Conselho Nacional de Justiça, utilizando a metodologia da especialista norte-americana Kay Pranis. Em reunião com as Secretarias da Saúde e do Desenvolvimento Social do Estado, convencionou-se que os atendimentos se iniciariam na Casa de Passagem -Recomeço, local que acolhe, em regime de 24 horas, os usuários de substâncias psicoativas após o período de internação e/ou de recuperação, ou que estejam em tratamento terapêutico ambulatorial no CRATOD. A Casa de Passagem, vinculada ao Programa Recomeço da Secretaria Estadual de Desenvolvimento Social, presta serviço Inter setorial de retaguarda aos Programas de política sobre drogas - Programas Recomeço (Estado de São Paulo) / Redenção (Prefeitura de São Paulo). Acolhe, em período integral e de curta duração, usuários de substâncias psicoativas para a promoção da reinserção social e familiar, após o processo de desintoxicação em leitos hospitalares ou recuperação social em Comunidades Terapêuticas legalmente constituídas, oferecendo atividades terapêuticas para sua autonomia e resgate de vínculos familiares.

A implementação do projeto de reintegração familiar e social de dependente químico através da metodologia da Justiça Restaurativa na Casa de Passagem ocorre com a realização dos Círculos de Convivência de todos acolhidos, com a participação da equipe terapêutica. Com a evolução da autonomia dos integrantes, a equipe terapêutica indica aqueles preparados para assumir a fase laboral, que é oferecida através dos programas "Trabalho Novo" da Secretaria de Assistência Social e o POT - Programa Operação Trabalho da Secretaria do Trabalho e Empreendedorismo, ambas do Município de São Paulo. A reintegração familiar ocorre gradativamente, de acordo com a vontade e autonomia dos acolhidos.

A Justiça Restaurativa surge como uma luz no fim do túnel, diante do esgotamento do sistema Jurídico brasileiro, apresentando um mecanismo que desenvolve a transformação do contexto atual na sociedade. Ela vem determinada a promover a cura, propor a convivência pacífica e devolver a esperança.

A prática desse mecanismo é ampla, focando um procedimento que propõe a resolução do conflito a partir dos valores e princípios, resgatando o convívio na sociedade, bem como no ambiente contaminado pela violência da drogadição.

O artigo 1º, incisos II e III da Resolução 225/2016 do Conselho Nacional de Justiça fundamenta a prática dos Círculos Restaurativos: *"A Justiça Restaurativa constitui-se como um conjunto ordenado e sistêmico de princípios, métodos, técnicas e atividades próprias, que visa à conscientização sobre os fatores relacionais, institucionais e sociais motivadores de conflitos e violência, e por meio do qual os conflitos que geram dano, concreto ou abstrato, são solucionados de modo estruturado na seguinte forma: (...) II - as práticas restaurativas serão coordenadas por facilitadores restaurativos capacitados em técnicas autocompositivas e consensuais de solução de conflitos próprias da Justiça Restaurativa, podendo ser servidor do tribunal, agente público, voluntário ou indicado por entidades parceiras; III - as práticas restaurativas terão como foco a satisfação das necessidades de todos os envolvidos, a responsabilização ativa daqueles que contribuíram direta ou indiretamente para a ocorrência do fato danoso e o empoderamento da comunidade, destacando a necessidade da reparação do dano e da recomposição do tecido social rompido pelo conflito e as suas implicações para o futuro".*

Os Círculos são realizados como elemento específico para criar um ambiente seguro e que leve os acolhidos a estarem próximos uns dos outros potencializando valores, fomentando respeito e sabedoria entre as pessoas, objetivando a reinserção social, familiar, bem como a construção de uma sociedade livre, justa e solidária nos termos dos objetivos fundamentais previstos no artigo 3º da Constituição de 1988.

Quais os fatores de sucesso da prática?

Os acolhidos na Casa de Passagem-Recomeço, que lá permanecem sob o tratamento terapêutico, por meio dos Círculos de Convivência, sentem-se mais empoderados, preparados e fortalecidos para a reinserção familiar e às atividades laborais. Nos Círculos de Integração Familiar, os acolhidos desenvolvem a responsabilização pela construção de seu plano de ação (projeto de vida), com atendimento de suas necessidades e assunção de seus deveres, com foco nas perspectivas futuras. O compartilhamento desses planos de ação nos Círculos lhes garante o apoio e a corresponsabilização por parte da família e ainda, com apoio do suporte da equipe técnica da Casa de Passagem-Recomeço, asseveram maior segurança para a reinserção na sociedade. O Círculo de Integração Social resulta no encaminhamento do acolhido no Programa de Operação Trabalho (POT) da secretaria do Trabalho e Empreendedorismo do Município de São Paulo, e no Programa Emprego Novo da Secretaria Municipal da Assistência e Desenvolvimento Social (SMADS), que também direciona para moradias nas proximidades do local de trabalho.

Qual a principal inovação da sua prática?

Utilizar os processos circulares da Justiça Restaurativa como ferramentas para atuação na prevenção de recaídas e empoderamento emocional do usuário de substância psicoativa, dependente químico, proporcionando a redução de indivíduos que necessitam da retaguarda do Poder Público para suas ações, promovendo maior autonomia, autoestima e fortalecimentos dos vínculos familiares e/ou na comunidade.

Explique como sua prática contribui para o aperfeiçoamento da Justiça.

Com a implantação desse projeto, articulamos a criação de um Grupo Gestor objetivando uma atuação conjunta, multidisciplinar do Estado e Município para o enfrentamento do problema da drogadição. A reinserção do acolhido, com êxito nos ambientes familiar e social, é gerada por meio dos processos circulares da Justiça Restaurativa, com a reparação dos danos causados pelos desgastes, conflitos e violência provocados pela drogadição.

Depoimento de Michel Rosenthal Wagner, advogado, facilitador de Justiça Restaurativa, membro da Comissão Especial de Estudos e Prevenção de Drogas e afins, OAB/SP.

Na qualidade de advogado há 35 anos, desde sempre atuando como pacifista e pacificador, tenho trabalhado nos últimos anos com mediação de conflitos em situações de vizinhança. E, com isso, adquirindo competências e habilidades em práticas restaurativas. Profissionalmente, o trabalho de facilitação de Círculos de diálogo na Casa de Passagem representa um importante e concreto avanço nesta formação.

Este momento é pretensamente a última etapa no tratamento de desadição e independência de usuários de álcool e drogas oferecido pelo Estado brasileiro na cidade de São Paulo. Esta experiência confirma que, ao expandirmos nossos olhares ou alternarmos as lentes que usamos para ver a realidade, mais nua e mais crua, quebramos o paradigma cultural de que, a partir do início da adolescência, nada haveria mais a fazer para acolher e ajudar pessoas com este perfil. Remete àquele preconceito, muitas vezes traduzido popularmente com o ditado que diz que 'pau que nasce torto morre torto', sabe? Perguntemo-nos o que viria a ser 'torto' e, se chegarmos a alguma conclusão objetiva respeitando o parâmetro de inclusão geral, o que chamaríamos de 'endireitamento'? Questões contemporâneas certamente.

Na prática, trabalhar com Círculos de Convivência, construir coletivamente valores e discutir tantos temas sensíveis vem auxiliando com que os assim chamados de acolhidos institucionais possam reforçar suas redes de relacionamento, tanto pessoais como profissionais, voltar ao convívio comum na sociedade, trabalhar, ter um teto para morar e voltar a se relacionar com as pessoas fora da realidade de adição extrema.

Assim, tem sido um trabalho que vem nos honrando com tantas e tantas histórias de vida tão ricas que, na pessoa de cada um dos acolhidos, foram conosco compartilhadas. A possibilidade de estar horizontalmente nestes Círculos também como pessoas traz crescimento pessoal em todas as dimensões. Colaborar para a construção de Cultura de Paz, e paz na prática, rumo a uma sociedade mais amigável e menos excludente, com gentileza e respeito, é uma oportunidade maravilhosa, um presente a nós ofertado semanalmente.

Este trabalho confirma, mais uma vez, que a segurança baseada nos relacionamentos é possível em todos os ambientes sociais e demonstra que precisamos falar de nossas dores e alegrias, compartilhar e ser ouvidos atentamente. Constata, além de tudo, que somos iguais - e uma de nossas igualdades é termos, cada um, uma história e uma jornada - e que a liberdade de ser este indivíduo em que habitamos deve ser valorizada cotidianamente.

Confirma também que urge investir na urbanização de nosso território, especialmente nas áreas comuns como calçadas, praças, parques. Estimam-se 30 mil paulistanos residindo na rua, e não acredito que em curto ou em médio prazo poderemos acolher este contingente.

Assim como o relato de muitos dos acolhidos, toda quinta-feira de manhã estive feliz com a chegada desse dia e, quando da finalização de cada Círculo, saí com desejo de dar continuidade.

Deixo aqui de citar tantos nomes de pessoas de todas as idades que vêm participando das atividades por um compromisso de confidencialidade que construímos juntos nos Círculos. Honro e quero contribuir para a visibilidade de cada um perante nossa sociedade. Quero agradecer especialmente a Joyce Markovits, que abriu esta porta para que eu olhasse tão mais além e que nos ensina, a cada Círculo, como trabalhar, com metodologia, a aplicação das ferramentas nas práticas restaurativas, o que condiciona o sucesso desta atividade.

Finalizo com duas de tantas frases que emergiram no processo: 'A *desadição* é um trabalho individual, e os coletivos são essenciais para ultrapassar este difícil período de nossas vidas' e 'Todo guerreiro precisa de atenção e amor'.

Depoimento de Maraísa Rosa de Oliveira, coordenadora da Casa de Passagem Beija Flor II

"Desde que começaram as reuniões dos Círculos Restaurativos na unidade Casa de Passagem observamosnos acolhidos maior disposição na trajetória de tratamento e visto como suporte e apoio não apenas pelas parcerias estabelecidas com a Secretaria Municipal do Desenvolvimento Econômico e com SMADS, mas também pelo fortalecimento emocional que os encontros semanais proporcionam em cada conversa ou debate proposto. Ter um grupo de apoio que vem até os acolhidos traz para eles motivação para retomar a vida social de forma consciente, os mesmos se sentem especiais em um espaço onde aprendem falar e ouvir sem censura ou julgamento, tais momentos são imprescindíveis. Sem dúvida, esta parceria foi um divisor de águas para o sucesso do trabalho por nós executado.

A Justiça Restaurativa é inovadora no âmbito de propor atividades e reflexões que contemplam todo e qualquer público em um processo de reinserção para a população ainda marginalizada e descriminalizada pela sociedade, entendemos que é pertinente a implantação desta atividade em todos os serviços de apoio ao tratamento da dependência química."

Depoimento de Geisa Lane Lopes Gomes, assistente social - Casa de Passagem Beija-Flor II

"Observamos que após a implantação do Projeto de Justiça Restaurativa em nosso serviço, os acolhidos têm se mostrado mais motivados à ressocialização, têm comparecido a todos os encontros, às vezes mostram-se até ansiosos, porém, sem se desfocar no tratamento ambulatorial nem nos acompanhamentos extras. Os acolhidos estão obtendo maiores oportunidades de partilhar seus sentimentos, ideias, emoções, deixando aflorar suas histórias, que outrora guardava para si.

Tem sido de grande valia, porque eles têm demonstrado generosidade, solidariedade e gratidão pelo o que está sendo oferecido, deixando transparecer contentamento por estar conquistando aos poucos a confiança, o amor e os vínculos familiares que foram dissolvidos ao longo de suas trajetórias. Esperamos que esta parceria perdure por muito tempo, pois sempre buscamos unir forças com todos os recursos externos para darmos continuidade ao processo de proteção, encaminhamentos, assistência qualificada e garantia de direitos, objetivando sempre o bem-estar do acolhido".

Depoimento de Rodrigo Xavier Franco, psicólogo Casa de Passagem Beija Flor II

"Um excelente trabalho é o que posso dizer. Já tinha ouvido falar em Justiça Restaurativa, mas somente na Casa de Passagem é que pude, de fato, conhecer a prática. De início, me chamou a atenção a maneira como a atividade é organizada. Apenas a pessoa que está em posse do objeto de fala pode se pronunciar. Os demais devem aguardar a sua vez. Interessante notar como todos prestam atenção no que está sendo falado e aguardam pacientemente o seu momento de expressão.

Outro ponto interessante é o aprendizado que temos ouvindo em diferentes relatos e opiniões. Pensamentos divergentes, mas sempre expostos de maneira pacífica e sem causar conflitos. Acredito que as rodas realizadas na Casa de Passagem têm sido de grande importância para o fortalecimento de vínculos entre os acolhidos e a equipe de funcionários. Pessoalmente, sinto uma espécie de ebulição interna de sentimentos todas as vezes que participo. Só tenho a agradecer à equipe de voluntários pela disponibilidade e dedicação a esse trabalho".

Depoimento de William Henrique de Oliveira, acolhido na Casa de Passagem

"Para mim, participar dos Círculos foi muito importante para muitas coisas. Mas, principalmente, para minha autoestima, que era bem baixa. O Círculo de Justiça Restaurativa me ajudou a lidar com isso e também me mostrou o caminho para que eu voltasse ao mercado de trabalho e aos estudos.

Hoje, não tenho tudo que queria, mas o que tenho devo muito ao trabalho do pessoal da Justiça Restaurativa".

Depoimento de José Luís Aparecido da Silva Batista, acolhido na Casa de Passagem

"Eu participei de nove Círculos enquanto estava acolhido na Casa de Passagem e quando fui morar na república Santana continuei vindo aos Círculos porque me ajudam muito com os temas da recuperação. Outro ponto que gostaria de falar é da importância de ter participado do Círculo para o encaminhamento para o trabalho. Hoje, trabalho no agente SUAS no Centro POP Bela Vista e a partir daí consegui voltar para a casa de meus pais, pois eles viram meu progresso e a evolução de meu tratamento. Com a ajuda das pessoas da Justiça Restaurativa, da Casa de Passagem, da Comunidade Terapêutica e do Grupo Narcóticos Anônimos, estou abstinente há um ano".

REFERÊNCIAS BIBLIOGRÁFICAS

GRECCO, A. e outros *A Justiça Restaurativa em Ação, Práticas e reflexões*. São Paulo: Editora Dash, 2014.

PRANIS K. *Guia de Práticas Circulares, No Coração da Esperança.* Pub. 07/12/2014. Disponível: http://www.crianca.

mppr.mp.br/arquivos/File/publi/tdhbrasil/guia_de_praticas_circulares_no_coracao_da_esperanca.pdf. Acesso em 07 set. 2018.

PRANIS, K. *Processos Circulares.* São Paulo: Editora Palas Athena, 2010.

SANICOLA, L. *As dinâmicas de rede e o trabalho social.* São Paulo: Veras Editora, 2008.

ZHER, H. *Trocando as lentes.* São Paulo: Palas Athena, 2008.

CAPÍTULO 7

EXPANSÃO DAS PRÁTICAS DE MEDIAÇÃO E DE JUSTIÇA RESTAURATIVA EM MACAPÁ E MUNICÍPIO DE SANTANA NO ESTADO DO AMAPÁ (AP)

Célia Bernardes, Marta dos Reis Marioni,
Vania Curi Yazbek e Violeta Daou

Este capítulo tem como objetivo informar sobre os projetos de trabalho desenvolvidos pelo Instituto THEM e pela equipe Justiça em Círculo, que envolveram duas principais atividades: a mediação transformativa enquanto processo para a resolução de conflitos com foco na transformação das relações e a Justiça Restaurativa enquanto procedimento capaz de tratar os delitos por meio de um paradigma não punitivo, que surge como forma alternativa ao modelo retributivo ou simplesmente punitivo. Os projetos e ações foram desenvolvidos nos municípios de Santana e Macapá, no Estado de Amapá, em diferentes etapas e direcionados a diversos setores da Administração Pública, do Ministério Público, em parceria com o Tribunal de Justiça do Estado, do Sistema Penitenciário e da Rede Educacional.

O INÍCIO

O Instituto THEM nasceu impulsionado pelo nosso entusiasmo. À época (2002), constituíamos um grupo de psicólogas concluintes da formação em Mediação do Instituto FAMILIAE. A participação no curso nos mobilizou o desejo de praticar, aprender, ensinar e disseminar a mediação por reconhecermos sua força enquanto método alternativo para a prevenção, negociação e resolução de conflitos. Este desejo foi reforçado também por constatarmos que a prática da mediação poderia ser aplicada aos diferentes campos da convivência entre pessoas. Foi criado então o Instituto THEM, por meio do qual iniciamos nosso percurso prestando serviços nas áreas de gestão de conflitos e comunicação, apresentando os seguintes diferenciais: atuação em mediação de conflitos em contextos particulares ou instituições e a capacitação e treinamento em práticas restaurativas fundamentadas na mediação transformativa de conflitos.

Em 2005, com o intuito de expandir as práticas de Mediação para a Zona Norte da cidade de São Paulo, iniciamos o trabalho como voluntárias na Promotoria Criminal de Santana (SP). Logo em seguida é estabelecida a parceria entre esta Promotoria e o Instituto FAMILIAE, permitindo o nascimento do Projeto Cantareira de Mediação Penal Interdisciplinar idealizado pelo Promotor de Justiça Criminal Dr. Airton Buzzo Alves. Inicialmente participamos deste projeto como supervisoras de prática de mediação na Promotoria Criminal de Santana, onde passamos a supervisionar o atendimento dos casos de pequeno potencial ofensivo, encaminhados pelos Promotores para o processo de mediação. Como desdobramentos deste trabalho surgiram convites para ministrarmos cursos de Mediação de Conflitos e supervisão da prática.

No ano de 2012, a Dra. Alessandra Martins, nossa ex-supervisionanda, indica as docentes e mediadoras Marta dos Reis Marioni e Violeta Daou para uma interlocução (supervisão) com os mediadores que atuavam no Ministério Público, nos Municípios de Santana e Macapá, no Estado de Amapá. Esta indicação foi motivada justamente porque a Dra. Alessandra conhecia o interesse da Dra. Silvia de Souza Canela, Promotora de Justiça da Vara de Família do Município de Santana, Estado do Amapá, em ampliar seus conhecimentos sobre mediação e seu entusiasmo a respeito da perspectiva restaurativa no enfrentamento de eventos de transgressão da lei em situações de pequeno potencial ofensivo. O êxito deste primeiro encontro entre o Instituto THEM e os mediadores, aliado ao desejo de expandir estas práticas em seu estado e Município de atuação, motiva a Dra. Silvia a convidar as docentes Marta Marioni e Violeta Daou para coordenarem o primeiro curso, que se consistiu em uma interlocução acompanhada de supervisão da prática de mediação.

APRESENTANDO OS CONCEITOS TEÓRICOS DA MEDIAÇÃO E SUPERVISIONANDO AS PRÁTICAS...

O convite concretizou-se em 2013 num curso de 120 horas desenvolvido em três módulos de 40 horas cada. Foi oferecido aos mediadores do Ministério Público comunitário e aos voluntários do Núcleo de Mediação, Conciliação e Práticas Restaurativas do Município de Santana (AP), núcleo este que foi institucionalizado na estrutura administrativa do MPAP em 2014 (Resolução nº 0007/2014). O público-alvo deste primeiro projeto já desenvolvia um trabalho de mediação e desejava aprimorar e expandir esta atuação, demonstrando grande interesse e comprometimento durante o curso. Desta maneira, esta primeira ação, implementada em Macapá foi exitosa: num primeiro momento foram apresentados e reorganizados os conceitos teóricos da mediação e da Justiça Restaurativa, o que foi complementado nas segunda e terceira etapas com o aprimoramento da técnica e a supervisão de casos em atendimento.

As avaliações realizadas ao final do curso deram conta de uma experiência de aprendizado compartilhado e produtivo, tanto para os alunos como para os docentes. Para os alunos foi possível reforçar os princípios da mediação, consolidar suas bases teóricas e exercitar o método alternativo de solução de conflitos. Os novos paradigmas inspiradores da Justiça Restaurativa também puderam ser reafirmados como possibilidade de instituir um novo olhar para os delitos, cuidar da reparação dos danos causados pelo autor do ato infracional e tentativa de reconstrução das relações. Para os docentes foi possível partilhar experiências com mediadores voluntários e dedicados, apreendendo diferenciais de sua atuação em função de sua formação e dos aspectos culturais da população. De fato, avaliamos como momentos de uma grande troca de experiências e de aprendizado mútuo.

CÍRCULOS RESTAURATIVOS: RECONSTRUINDO AFETOS, PACIFICANDO RELAÇÕES FAMILIARES....

As avaliações positivas deste primeiro curso, o entusiasmo cada vez maior dos mediadores e da equipe da Dra. Silvia Canela com as práticas restaurativas e o desejo de expandir conhecimentos e técnicas foram motivadores de um novo convite no ano de 2014.

Nesta oportunidade os docentes do Instituto THEM e da equipe Justiça em Círculo foram convidados para atuarem como capacitadores de mediadores em práticas de Justiça Restaurativa, participando do projeto Círculos Restaurativos: reconstruindo afetos, pacificando relações familiares.

Idealizado pelas Dra. Silvia Canela e Dra. Michele Farias, este projeto teve como objetivo principal implementar os instrumentos teóricos de mediação de conflitos e Círculos Restaurativos na abordagem com famílias marcadas por histórico de violência contra a mulher, atendidas pelo Juizado de Violência Doméstica, pela Promotoria de Defesa da Mulher e pela Promotoria de Família de Santana, oferecendo-lhes um espaço de acolhimento, um ambiente de diálogo seguro e respeitoso para que possam restaurar os vínculos de afeto, comunicação e diálogo e pacificar as relações familiares. Nasceu, portanto, do diálogo entre as Promotorias Cível (família), de Defesa da Mulher e o Juizado de Violência Doméstica do Município de Santana (AP).

Os princípios norteadores da abordagem a estas famílias foram os que fundamentam o funcionamento dos Círculos

Restaurativos, pela convicção de que mesmo nos casos onde ocorre a judicialização do conflito grande parte dos casais manifesta o desejo de reconstruir o relacionamento. Além disso, dentre os ganhos do trabalho com Círculos Restaurativos estão o fortalecimento da autonomia e da autodeterminação, o empoderamento e o desenvolvimento do protagonismo das pessoas envolvidas no conflito. Isto porque trabalhar com Círculos Restaurativos significa romper com a lógica das vitimizações propondo a compreensão das contradições presentes na dinâmica das relações humanas e, portanto, clarificando o papel que cada parte desempenha na reprodução do conflito.

Nesta perspectiva o projeto teve como expectativas de resultados a transformação do comportamento violento, o restabelecimento dos vínculos de afeto e do diálogo, a reorganização da vida familiar, a promoção de novos valores e, finalmente a disseminação da Cultura de Paz na comunidade. Tendo como base o convênio firmado entre o Ministério Público do Amapá e o Tribunal de Justiça, a coordenação do projeto foi colegiada para o desenvolvimento de um conjunto de ações bem como para a difusão das mesmas junto à comunidade local.

Aos docentes do Instituto THEM e da equipe Justiça em Círculo coube participar deste projeto capacitando formadores de práticas de Justiça Restaurativa desenvolvendo habilidades necessárias para formar profissionais em facilitação destas práticas concretizada no curso denominado "Capacitação de Formadores em Práticas de Justiça Restaurativa articulado à Formação de Facilitadores de Práticas de Justiça Restaurativa".

A proposta desta capacitação foi a qualificação concomitante de formador e facilitador e para tanto o curso foi desenvolvido em duas perspectivas: uma de Capacitação de Formadores em Justiça Restaurativa com foco no **processo de ensino e aprendizagem** e a outra de Capacitação de Facilitadores de Círculos Restaurativos com foco em **coordenar um procedimento restaurativo**. Privilegiou-se o desenvolvimento de diálogos focalizados tanto nos propósitos de cada atividade docente quanto nos interesses dos participantes, com o objetivo de uma construção conjunta de aprendizagem e de interação e conexão entre todos participantes.

O curso foi desenvolvido em etapas de Capacitação e Interlocução por meio de fundamentação teórica e vivências, num total de 120 horas, distribuídas em três módulos intercalados (de três em três meses) com 40 horas cada. A etapa de capacitação foi fundamentada nas seguintes ações:

Capacitação:

- Conversa sobre os fundamentos conceituais e instrumentais adotados para o processo de ensino/aprendizagem;

- Revisitação destes temas, sob a ótica restaurativa no sentido de manter a coerência entre prática e ensinamento;

- Desenvolvimento de uma postura reflexiva nas interações pessoais, sejam elas entre os participantes dos cursos, sejam elas entre os facilitadores e os participantes de procedimentos restaurativos.

Interlocução:

• A partir da capacitação e experiência vivida, acompanhar a expansão e o desenvolvimento dos novos facilitadores e formadores.

• Trabalho de articulação da rede para manutenção do projeto.

Com o propósito de favorecer uma visão ampla dos temas Justiça e Violência com foco nas mudanças paradigmáticas, promovendo o protagonismo individual e comunitário, com reconhecimento das potencialidades de cada ator e Instituição envolvidos no processo, temos como meta desenvolver junto aos formadores:

• Aulas para entendimento teórico de uma docência informada pelos princípios e valores restaurativos e pelos paradigmas contemporâneos que propõem colaboração, protagonismo, participação inclusiva e dialógica, horizontalidade, reflexão, responsabilização;

• Acompanhamento de um curso como observador participante para articular a teoria discutida com a prática, ou seja, teoria em ação;

• Encontros para desenvolvimento de um estilo próprio de docência, partindo da reflexão sobre suas afetações diante da prática observada;

• Construção de projetos de docência e acompanhamento para aprimoramento dessa função recém-adquirida.

A proposta de capacitar o formador como um praticante reflexivo pôde ser operacionalizada com a aplicação da metodologia de ensino/aprendizagem de Donald Schön, filósofo e pedagogo norte-americano, seguindo uma linha de argumentação, centrada no saber profissional, tomando como ponto de partida a "reflexão-na-ação". Isto implica na aprendizagem do profissional reflexivo, em três ideias centrais: o "conhecimento-na-ação", a "reflexão-na-ação" e a "reflexão-sobre a reflexão-na-ação".

Em relação aos facilitadores, com aproveitamento indireto dos formadores foi proposto o desenvolvimento das ações:

- Oficinas para vivenciar as práticas de Justiça Restaurativa, sua postura na prática com situações de violência e como poderiam inovar e/ou ampliar seus recursos para lidar com os desafios de sua prática;

- Curso de capacitação teórico-prático de facilitadores em práticas de Justiça Restaurativa;

- Acompanhamento das ações restaurativas iniciais desses facilitadores por meio de interlocuções para refletir sobre seu fazer restaurativo.

O grupo de capacitandos era heterogêneo, constituído de mediadores já formados e atuantes por aproximadamente um ano, pessoas com formação introdutória em mediação, mas não atuantes e pessoas ainda sem formação em mediação.

Este trabalho também se constituiu em um rico espaço de aprendizado e de consolidação e expansão das práticas da mediação e das práticas restaurativas. De tal forma que se pode afirmar que a adesão da educação e da comunidade é um fato concreto e que a atuação dos multiplicadores avança em larga escala.

Em paralelo, diversas ações comunitárias foram implantadas, tais como Ação Comunitária na Ilha de Santana; Círculos de diálogo com Lideranças Comunitárias da Ilha de Santana; Círculos de diálogo com Catraieiros da Ilha de Santana; Círculos de diálogo com Donos de Bares Ilha de Santana; Sensibilização sobre práticas restaurativas com Agentes comunitários de Saúde e agentes de Endemias da Ilha de Santana.

O APRENDIZADO SE MULTIPLICANDO...

No final do ano de 2015 o Ministério Público em parceria com o Tribunal de Justiça iniciou um novo projeto, denominado Escola Restaurativa, construído com objetivo de promover uma Cultura de Paz, por meio de formação continuada dos atores que compõem a comunidade escolar, habilitando-os para a utilização dos conceitos, valores e técnicas das práticas restaurativas para o enfrentamento e prevenção da violência na escola. No ano de 2015 foi qualificada a Escola Estadual Profª Osvaldina Ferreira da Silva, localizada na Ilha de Santana.

Em 2016 foram qualificadas escolas da rede Estadual e Municipal, sendo:

1. Escola Estadual Professor José Ribamar Pestana;
2. Escola Estadual Augusto Antunes;

3. Escola Estadual Professor Rodoval Borges;

4. Escola Municipal de Educação Básica Padre Fúlvio Giuliano;

5. Escola Municipal de Educação Básica Amazonas;

6. Escola Municipal de Educação Básica Piauí.

As escolas que foram formadas em Práticas Restaurativas no ano de 2017 até o mês de maio são:

1. Escola Estadual Prof. Francisco Walcy Lobato Lima;

2. Escolas mistas (representatividade de duas escolas estaduais e Ongs);

3. Escola Estadual Profa. Joanira Del Castillo.

Além das referidas escolas, ainda houve formação para os seguintes órgãos:

4. Representatividade da Secretaria de Estado da Educação;

5. Equipe municipal sócio-assistencial (CRAS, CREAS, CRAM, PETI, outros).

O trabalho foi estendido a Macapá, capital do Estado, lá realizado pelo Centro de Apoio Operacional Infância e Educação, com a qualificação de 13 escolas Estaduais e implantação de seis núcleos de práticas restaurativas na referida capital.

PRÁTICAS DE JUSTIÇA RESTAURATIVA NO SISTEMA PENITENCIÁRIO DO AMAPÁ

O entusiasmo pelos avanços obtidos resultou no ano de 2015 em um novo convite para o Instituto THEM e a equipe Justiça em Círculo voltarem a Macapá. A Dra. Maria do Socorro Pelaes Braga, Promotora de Justiça de Execuções Penais e Penas Alternativas de Macapá, preocupada em promover mudanças de comportamento e reinserção social dos educandos favorece a capacitação para implantação de práticas de Justiça Restaurativa no Sistema Penitenciário. Novamente a equipe se responsabilizou pela formação de multiplicadores de práticas de Justiça Restaurativa articulada à formação em facilitação de práticas de Justiça Restaurativa.

A parceria entre o Ministério Público do Amapá, a Vara de Execuções Penais e medidas alternativas, o Instituto de Administração Penitenciária (IAPEN), a Pastoral Carcerária e o Conselho Penitenciário possibilitaram a capacitação como primeira ação da implantação das práticas restaurativas no Sistema Penitenciário do Amapá. Esta formação foi direcionada a agentes penitenciários (custódia e segurança); educadores penitenciários (ressocialização); funcionários da administração e comunicação; Coordenadoria de Segurança; Coordenadoria do Tratamento Penal e à Escola de Administração Penitenciária (ESAP), procurando envolver todos os setores do Sistema.

O fator inspirador deste projeto é a constatação de que o modelo de Justiça Penal brasileiro é primordialmente retributivo, ou seja, aquele em que se retribui o mal causado pelo transgressor da norma legal, aplicando-lhe uma pena. A aplicação deste modelo, entretanto, não tem apresentado resultados satisfatórios às expectativas da sociedade de redução da criminalidade e da reincidência, fato comprovado pelas estatísticas de aumento da violência e da falência do sistema prisional. Esta é a cena na qual emerge a necessidade de se buscar alternativas capazes de dar novas respostas para o fato criminal que não seja exclusivamente a pena imputada ao agressor.

A Justiça Restaurativa surge como uma destas alternativas, uma vez que privilegia a reparação de danos pela responsabilização e restauração. E a capacitação de formadores em práticas restaurativas vem possibilitar sua implementação formando multiplicadores com uma postura de ser no mundo fundada em princípios e valores da Justiça Restaurativa; coerentes com a forma e o conteúdo, com o saber e o saber fazer, informada pelos paradigmas contemporâneos e estimuladora de protagonismo na construção de conhecimentos em práticas de Justiça Restaurativa.

O Juiz Eduardo Rezende Melo afirma que sob a ótica de um novo paradigma que fundamenta a Justiça Restaurativa, acredita-se que no centro do Círculo está um problema que é de todos, e não apenas dois indivíduos em conflito. Cada um tem a oportunidade de tecer a própria história de sua vida relacional.

O Instituto THEM e a equipe Justiça em Círculo têm por princípio a consideração de que as práticas restaurativas ganham sentido em paradigmas contemporâneos, a sua implementação tem um caráter piloto que demanda uma especial atenção na constante adequação ao contexto/território onde está sendo praticado e, além disso, que toda e qualquer participação em um processo restaurativo deve ser voluntária. Neste sentido, a capacitação foi embasada em alguns fundamentos teórico-práticos importantes: o construcionismo social (Kenneth Gergen) como expressão teórica de novos paradigmas; reflexão na ação como recurso avaliativo em processos de ensino-aprendizagem e de implementação de novas metodologias (Tom Andersen e Donald Schön); princípios e valores da Justiça Restaurativa como norteadores transversais nessas capacitações, guardando coerência entre forma e conteúdo nas relações sociais. Em síntese, o processo de ensino-aprendizagem se constituiu de práticas dialógicas com o propósito maior de capacitar um formador ou um facilitador como um praticante reflexivo.

O curso seguiu formato semelhante aos anteriores no tocante à sua estruturação, sendo desenvolvido em etapas de Capacitação e Interlocução por meio de fundamentação teórica e vivências, num total de 120 horas, distribuídas em três módulos intercalados (de três em três meses) com 40 horas cada.

Uma transformação desta natureza caracteriza-se como um processo longo e não linear, com avanços e retrocessos, mas foi possível verificar que os desdobramentos e resultados são animadores. O Núcleo de Mediação de Conflitos da Promotoria de Santana presta importante contribuição à comunidade local, conta com a participação de um grupo de voluntários servidores do Ministério Público e de outras instituições, mantendo troca de experiências com a equipe do Ministério Público Comunitário o que tem contribuído para evitar a judicialização de conflitos que podem ser resolvidos pelas conversas entre as partes. Promove a aproximação entre as instituições do judiciário e a comunidade, contribui para o empoderamento dos envolvidos no conflito, disseminam valores que têm no diálogo, o instrumento prioritário de resolução de conflitos e promovem uma Cultura de Paz.

E, sobretudo, contagia outros setores como, por exemplo, o penitenciário e o educacional a conhecer e refletir sobre os novos paradigmas que trazem a possibilidade de encarar as situações conflitivas como oportunidades de restabelecer relações e transformar pessoas e enxergar nos delitos oportunidades de reparação de danos e retomada das relações sempre que possível.

Estes resultados ou decorrências dos projetos desenvolvidos devem-se a inúmeros fatores, dentre eles o envolvimento dos participantes, o desejo de encontrar alternativas diferenciadas, a estrutura colocada para a realização dos cursos, o empenho de alunos e docentes, o incentivo fundamental dos Procuradores, Promotores e funcionários do Ministério Público Amapá. Também consideramos um fator especialmente motivador da mudança o princípio norteador da ação da equipe THEM e Justiça em Círculo: o trabalho em REDE, cujos pilares e propostas apresentamos a seguir.

O TRABALHO EM REDES: FATOR DE TRANSFORMAÇÃO

Rede pode ser pensada como a conexão entre todas as coisas que promovem pensamentos, sentimentos e ações, que produzem sempre novas ações em cadeias infinitas de eventos que se influenciam mutuamente. Este conceito se aplica às ligações entre uma ampla gama de profissionais que mesmo em seus diferentes contextos de trabalho e atuação são interdependentes. A rede se sustenta pela troca. Cada qual com seu jeito de fazer vai dando consistência, ampliando e fortalecendo os nós da rede, gerando benefícios mútuos. Os desafios são muitos e são favorecidos pelo constante compartilhamento.

Quando organizações e instituições trabalham em conjunto tem-se a perspectiva do fortalecimento da rede, que, entre outras aquisições, traz nova forma de viver o mundo. A proposta da Justiça Restaurativa visa o fortalecimento do trabalho em rede: muito mais do que a resolução dos problemas, as intervenções de redes visam à mudança das relações através do compartilhar das necessidades e do reforçar das ligações entre as pessoas.

Considerando que a rede inclui todo o conjunto de vínculos interpessoais do sujeito como a família, amigos, vizinhos, relações de trabalho, escolares, de serviço, de inserção comunitária e de práticas sociais, a importância da articulação também se fez necessária e imprescindível nos projetos desenvolvidos. Constituiu-se no fator de fortalecimento da conexão entre as pessoas para a expansão do projeto de mediação e práticas restaurativas: um conjunto de pessoas que interagem direta ou indiretamente com uma visão de mundo que se assemelha em crenças e valores, dando suporte para sustentação, manutenção e expansão da proposta.

As teias se entrecruzaram, se conectaram e se ampliaram trazendo gradualmente uma nova cultura aos participantes dos projetos no Estado do Amapá, o que pôde ser percebido nas diferentes ações e posturas:

- A adesão de pessoas de diferentes contextos e atividades que se aliaram à proposta;

- A constatação do entusiasmo e comprometimento dos participantes na busca incessante de aprendizado com solicitações de conteúdo teórico para leituras complementares;

- A preocupação com o autoconhecimento, na medida em que se ocuparam de saber de si e da intenção para cada ação;

- A delicadeza de saber conviver e respeitar as diferenças, entendendo que para que haja uma mudança paradigmática há a necessidade de um encontro de propósitos, princípios e valores. Um processo vivo em constante aprimoramento tem-se implementando trazendo um olhar diferenciado para as ações consideradas mal vistas ou desvalorizadas socialmente, criando espaços de convivência onde as diferenças possam existir e serem vistas como contribuição para o crescimento pessoal;

- As mudanças paradigmáticas gradualmente têm se consolidado e a implementação de uma Cultura de Paz tem se instalado gradativamente.

Por estas razões, acreditamos que o trabalho desenvolvido no Estado do Amapá até agora tem valorizado e consolidado os princípios do trabalho em rede baseando-se, entre outros aportes teóricos, no que Sluzki (1997) ressalta como aspectos necessários para a intervenção em rede:

- Desenvolver novas histórias que legitimem o protagonismo das pessoas;

• Trabalhar para que as pessoas se reconheçam como autoras responsáveis por suas próprias vidas;

• Entender que o tempo todo ocorre uma estruturação/reestruturação da identidade pessoal;

• Reconhecer que esse processo é multideterminado por fatores sociais históricos, culturais, socioeconômicos e políticos que influenciam a vida das pessoas durante todo tempo.

Estas posturas e ações são reconhecidas no percurso da implementação da Mediação Transformativa e das Práticas de Justiça Restaurativa em Amapá, especialmente quando no percurso do desenvolvimento dos projetos sempre pautamos por:

• Desenvolver o senso de responsabilização coletiva pela construção de ações voltadas para a resolução de problemas de uma determinada comunidade escolar;

• Promover o empoderamento das comunidades para a resolução de seus conflitos;

• Oferecer condições para a criação de uma comunidade reintegradora que constrói planos de ação, mais do que toma medidas.

Para efeito de síntese e sistematização, apresentamos o quadro abaixo ilustrando o processo do desenvolvimento das ações e projetos do Instituto THEM e equipe Justiça em Círculo no Estado do Amapá.

PROJETOS E AÇÕES DO INSTITUTO THEM E JUSTIÇA EM CÍRCULO NO ESTADO DE AMAPÁ

ANO	PROJETO / AÇÃO	ENVOLVIDOS	COMENTÁRIOS
2012	Interlocução - Diálogo	Mediadores do Ministério Público Comunitário e os voluntários do Núcleo de Mediação, Conciliação e Práticas Restaurativas do Município de Santana (AP)	O Núcleo de Mediação de Conflitos da Promotoria de Santana presta importante contribuição à comunidade local, conta com a participação de um grupo de voluntários servidores do Ministério Público e de outras instituições, mantendo troca de experiências com a equipe do Ministério Público Comunitário o que tem contribuído para evitar a judicialização de conflitos
2013	Curso de Mediação Transformativa de Conflitos. Carga horária de 120 horas, em três módulos de 40 horas cada	Mediadores do Ministério Público comunitário e os voluntários do Núcleo de Mediação, Conciliação e Práticas Restaurativas do Município de Santana (AP)	Espaço de aprendizado compartilhado e produtivo, tanto para os alunos como para os docentes. Para os alunos foi possível reforçar os princípios da mediação, consolidar suas bases teóricas e exercitar a metodologia alternativa de solução de conflitos

2014	Projeto Círculos Restaurativos: Reconstruindo afetos, pacificando relações familiares	Promotorias Cível (família), de Defesa da Mulher e o Juizado de Violência Doméstica do município de Santana (AP)	Em paralelo, diversas ações comunitárias foram implantadas, tais como Ação Comunitária na Ilha de Santana; Círculos de diálogo com Lideranças Comunitárias da Ilha de Santana; Círculos de diálogo com Catraieiros da Ilha de Santana; Círculos de diálogo com Donos de Bares Ilha de Santana; Sensibilização sobre práticas restaurativas com Agentes Comunitários de Saúde e Agentes de Endemias da Ilha de Santana
2015	Início do Projeto Escola Restaurativa. Qualificação da Escola Osvaldina Ferreira da Silva, localizada na Ilha de Santana	Ministério Público em parceria com o Tribunal de Justiça; Atores da Comunidade Escolar	No ano seguinte (2016) foram qualificadas mais três escolas da Rede Estadual e três da Rede Municipal. O trabalho foi estendido à capital do Estado (Macapá), lá realizado pelo Centro de Apoio Operacional Infância e Educação, com a qualificação de 13 escolas estaduais e implantação de 06 núcleos de práticas restaurativas na referida capital

2016	Práticas de Justiça Restaurativa no Sistema Penitenciário do Amapá. Capacitação em curso de 120 h	Ministério Público e Amapá, a Vara de Execuções Penais e medidas alternativas, o Instituto de Administração Penitenciária (IAPEN), a Pastoral Carcerária e o Conselho Penitenciário	Uma transformação desta natureza caracteriza-se como um processo longo e não linear, com avanços e retrocessos, mas foi possível verificar que os desdobramentos e resultados são animadores
2017	Formação: Facilitadores e capacitadores de práticas de Justiça Restaurativa Capacitação em curso de 120 h	Tribunal de Justiça, Ministério Público, Sistema penitenciário e atores da Comunidade Escolar	A evolução do trabalho sendo tão promissora e a adesão cada vez maior dos integrantes de serviços voltados à criança e adolescente que o estudo da parceria para 2018, se fortalece
2018	Formação: Facilitadores e capacitadores de práticas de Justiça Restaurativa Capacitação em curso de 120 h	Uma parceria entre Tribunal de Justiça, Ministério Público e Secretaria da Educação, com ainda a participação do Sistema Penitenciário	Um projeto piloto acontece: capacitação para as 35 escolas do Município de Santana-AP com intenção de ampliar para todo Estado do Amapá

DADOS ESTATÍSTICOS DO PROGRAMA DE JUSTIÇA RESTAURATIVA NAS ESCOLAS

Realização do Ministério Público do Amapá - Núcleo de Mediação, Conciliação e Práticas Restaurativas do Município de Santana (AP) institucionalizado na estrutura administrativa do MPAP em 2014 (Resolução nº 007/2014)

Período de capacitação: de 16/11/2016 a 22/09/2017

Número de escolas capacitadas: 13

Número de capacitadores: 12

Total de pessoas qualificadas: 1.019

Coordenação: Dra. Sílvia de Souza Canela

Capacitadores: Antônio Marcos Duarte, Diana Macedo, Elizabeth Guedes, João Batista da Paz, Jorge Henrique, Keila Sobrinho, Larissa Antunes, Lidiane Almeida, Lucineide Santos, Lucivane de S. Gonçalves, Michelle Costa Farias, Silvia de Souza Canela.

NOME DA ESCOLA	Nº DE PARTICIPANTES
ESCOLA ESTADUAL OSVALDINA FERREIRA DA SILVA	90
ESCOLA MUNICIPAL PIAUÍ	85
ESCOLA ESTADUAL PROF. JOSÉ RIBAMAR PESTANA	73

ESCOLA MUNICIPAL PADRE FÚLVIO GIULLIANO	56
ESCOLA ESTADUAL AUGUSTO ANTUNES	98
ESCOLA MUNICIPAL AMAZONAS	99
ESCOLA ESTADUAL PROF. RODOVAL BORGES	145
ESCOLA ESTADUAL PROF. FRANCISCO WALCY LOBATO LIMA	80
ESCOLAS MISTAS (REPRESENTATIVIDADE DE DUAS ESCOLAS ESTADUAIS E ONGs)	41
ESCOLA ESTADUAL PROFA. JOANIRA DEL CASTILLO	80
CRECHE IRAIDINA PINHEIRO SANCHES	32
ESCOLA EVERALDO VASCONCELOS	80
ESCOLA MUNICIPAL NOSSA SENHORA DOS NAVEGANTES	60

BIBLIOGRAFIA

Rezende, E.M.; Ednir, M; Yazbek, V.C. Justiça Restaurativa Comunitária em São Caetano do Sul – Aprendendo com os conflitos a respeitar direitos e promover cidadania. Organização produção editorial e gráfica Centro de Criação de Imagem Popular (CECIP), São Paulo, 2008.

Sluzki, C.E. A Rede Social na Prática Sistêmica - Alternativas Terapêuticas. São Paulo: Casa do Psicólogo, 1997.

COMO A JUSTIÇA RESTAURATIVA TEM ATUADO NO JUDICIÁRIO DO AMAPÁ

Conheça como a Justiça Restaurativa está sendo avaliada por uma Promotora e duas Juízas do Amapá

Maria do Socorro Pelaes Braga, Promotora de Justiça com atuação junto às Varas de Execuções Penais e Coordenadora das Promotorias de Justiça das Execuções Penais do Estado do Amapá.

Quando foi o seu primeiro contato com as práticas de Justiça Restaurativa?

Meus primeiros contatos ocorreram em 2001, quando fiz Curso de Especialização em Direito Penal e Processo Penal na Universidade Estácio de Sá. Na época, eu fazia parte do Poder Executivo no Estado do Amapá e trabalhava como Coordenadora da Execução Penal do Instituto de Administração Penitenciaria. Em razão da experiência profissional, da interação cotidiana com o homem infrator, resolvi dissertar sobre o tema Justiça Restaurativa, apontando as metodologias que poderiam auxiliar na mudança comportamental.

Quando a Justiça do Estado do Amapá começou a colocar em prática esses conceitos? No que se refere à aplicação da Justiça Restaurativa na área de Execução Penal teve início no ano de 2015, quando foi oferecido a agentes penitenciários o curso de Formador de Facilitadores em Práticas Restaurativas, realizado pelo Instituto THEM, em parceria com Ministério Público do Estado do Amapá. Tivemos a oportunidade de formar 50 funcionários, entre agentes e educadores penitenciários. Foi o primeiro curso de formadores de facilitadores em práticas restaurativas no Estado do Amapá. A partir dessa capacitação foi implantado no Instituto de Administração Penitenciária (IAPEN) o Núcleo de Conciliação e Práticas Restaurativas, ligado diretamente ao gabinete do Diretor Presidente, que hoje atende:

- As Comissões Disciplinares que cuidam das faltas disciplinares praticadas por reeducandos;
- Círculos de diálogos com servidores penitenciários;
- Círculo de diálogo para casais;
- Círculo para resolução de conflitos;
- Círculo para internos trabalhadores;
- Programa Restaurar;
- Programação com crianças filhos de reeducandos.

Como a Sra. avalia os avanços na prática de Justiça Restaurativa ao longo desses anos no Estado?

No ano de 2011, antes de iniciarmos os trabalhos com Justiça Restaurativa, tínhamos a seguinte realidade:

- Muitas audiências de justificação em razão das faltas graves, aproximadamente nove por dia.

- Muitos conflitos Internos:

a) Reeducandos X Reeducandos

b) Agentes X Reeducandos

c) Agentes X Agentes

d) Agentes X Administração

Hoje, temos um quadro diferente e notadamente ocorreu:

- Redução do número de audiências na Vara de Execuções penais. Realizamos a média de quatro audiências de justificação, a maior parte dos conflitos é resolvida por meio do trabalho realizado pelas Comissões Disciplinares

- Pacificação

- diminuição de conflitos entre reeducandos e reeducando X agente

- melhora de relacionamento entre os próprios servidores e a administração. Têm utilizado o diálogo como forma de composição das lides.

Como a Justiça Restaurativa está mudando a forma da resolução de conflitos?

Por meio de práticas restaurativas e aplicação de suas metodologias os reeducandos e servidores sentem-se empoderados e capazes de gerir seus conflitos, mesmo os de ordem emocional. A partir do momento em que expõem suas necessidades e passam a ouvir as necessidades alheias, tornam-se mais receptivos e compreensivos. Percebem que muitas dificuldades são comuns e que unidos tornam-se muito mais fortalecidos para obtenção de um resultado positivo. Esse comportamento tem fomentado o espírito de cooperativismo e companheirismo, propiciando que os reeducandos tornem-se menos bélicos e mais cúmplices. Essa cumplicidade gera não somente o fortalecimento do grupo, mas também a pacificação que tanto almejamos. Costumamos dizer: "Quem sente-se acolhido recolhe as armas".

Quais são suas principais conclusões após mais de dois anos de trabalho?

O Sistema Prisional ao longo da história se revela composto de instituições que possuíam como escopo principal resguardar a sociedade de "pessoas nocivas", objetivando proteger a população de criminosos, bem como propiciar-lhes a reflexão sobre seus atos, visando uma mudança para as suas reinserções na comunidade; contudo, não temos obtido o desiderato pretendido, nem mesmo aqueles decorrentes de obrigatoriedade, tal como previsto na Lei de Execução Penal (LEP).

Assim, no sentido de dar outra direção à atuação ao Sistema Prisional, buscamos a implementação de políticas públicas socialmente coerentes, destinadas à transformação social, vislumbrando a otimização dos recursos humanos, pautadas na própria LEP.

Em 2015, fomentamos a implantação da Justiça Restaurativa no Instituto de Administração Penitenciaria do Amapá, inicialmente como método alternativo ao procedimento judicial formal. Decorridos mais de dois anos de atividades, podemos afirmar que a realidade prisional do Estado do Amapá sofreu considerável mudança. Hoje, as metodologias e princípios da Justiça Restaurativa estão tão arraigados que já fazem parte dos mecanismos de controle, segurança e educacionais dispensados ao homem em cumprimento de pena.

Larissa Noronha Antunes, Juíza titular da Vara da Infância e Juventude da Comarca de Santana (AP) e por ora Coordenadora do CEJUSC-STN, Centro Judiciário de Solução de Conflitos de Santana (2017/2018).

Quando teve início o processo de Justiça Restaurativa em Macapá?

O início se deu em 2014 com a realização de um curso pelo Instituto THEM para capacitação de servidores do Judiciário, Ministério Público Estadual e servidores da rede de atendimento do Município. Por iniciativa da Dra. Sílvia Canela, Promotora de Justiça na cidade de Santana, Amapá.

Quantas capacitações foram realizadas e por quem?

Foram realizadas capacitações em 2014. Em 2015, para o Instituto Penitenciário do Amapá em parceria com o Ministério Público, também pelo Instituto THEM[2]. Em 2016, mais uma vez pelo THEM, no Projeto Escola Restaurativa para formadores em práticas no âmbito das escolas do Município de Santana. Em 2018 iniciou o projeto em parceria com Tribunal de Justiça, Ministério Público e Governo do Estado (pela Secretaria de Educação) para capacitação do segmento educação, com o objetivo de implantar em Santana a primeira cidade restaurativa do Amapá. Em 2018 também ocorreu o curso de Círculos de Construção de Paz (*Peacemaking Circles*) com o professor Paulo Moratelli para o setor da sócio-educação, promovido pelo Poder Judiciário. De forma local, um projeto de nome Escola Restaurativa (parceria entre MP e TJAP) capacitou 16 escolas em dois anos, entre os anos de 2016 e 2017.

[2] Em parceria com a equipe Justiça em Círculo.

Quais foram os resultados dessas ações? O que mudou e como a Justiça Restaurativa tem alterado a forma de solução de conflitos em sua Vara?

Com o trabalho nas escolas sentimos que estas ganharam autonomia para prevenir e resolver seus conflitos internos de professores e alunos, professores entre si e conflitos com a direção. As escolas passaram a se preocupar em trabalhar as competências sócio-emocionais de professores e alunos para se atualizar e dar conta dos desafios da educação na era digital e das redes sociais. Senti na Vara onde atuo uma diminuição da demanda de casos novos distribuídos de 10% de

2015 para 2016 e de 15% de 2016 para 2017, segundo dados do Tucujurômetro disponibilizado pelo site do Tribunal de Justiça do Amapá. Tucujurômetro é o medidor de andamento dos processos no Estado todo, acessível por meio do site: www.tjap.jus.br.

Como a Sra. avalia esse trabalho atualmente?

Como fazemos um trabalho com a Justiça Restaurativa nas escolas, percebi que as práticas de Justiça Restaurativa têm mostrado grande valor na prevenção de conflitos e violência no ambiente escolar. Assim é porque, utilizando os Círculos desde o início do ano letivo, pode-se utilizá-los para construção de pertencimento dos professores e alunos, de unidade, de regras a serem seguidas durante o ano. Também para conhecer a humanidade no outro e prevenir o *bullying*. Para criar laços de empatia e respeitar as diferenças. Num quadro deste, onde os alunos e professores se respeitam, onde a direção resolve seus problemas internos em Círculos de conversa, onde foram criados os sentidos de pertencimento e empatia, a tendência é que os conflitos sejam dirimidos e diminuídos os impactos nas partes. Como solução de conflitos, temos ainda que evoluir para tanto, mas acredito que estamos no caminho com os professores e atores do processo cada vez mais empoderados.

Silvia de Souza Canela, Promotora de Justiça da Comarca de Santana (AP).

Quando ocorreu seu primeiro contato com as práticas de Justiça Restaurativa?

Em 2012 fiz um curso de mediação de conflitos familiares, em São Paulo, realizado pelo IBDFAM. Na oportunidade conheci uma colega que me falou sobre os cursos realizados pelo Instituto THEM ou Justiça em Círculo. Resolvi fazer no mesmo ano um curso de facilitador em Justiça Restaurativa. Fiquei encantada com a metodologia, com as ferramentas apresentadas no curso e especialmente com a nova visão de mundo que a Justiça Restaurativa me trouxe.

Quando a Justiça do Estado do Amapá começou colocar em prática esses conceitos?

Em 2013 resolvemos fazer um projeto de Justiça Restaurativa denominado "Reconstruindo afetos, pacificando relações familiares" voltado para o atendimento de famílias em situação de conflito, inclusive para atender casos de violência doméstica, utilizando a ferramenta dos Círculos para a transformação do conflito. Os cursos de formação foram realizados pelo Instituto THEM, vindo ao Amapá as formadoras Violeta Daou, Marta Marioni e Vânia Yazbek.

A sra. foi a pioneira ou houve outras pessoas antes?

Até onde eu sei, antes de iniciarmos este projeto mencionado, nunca havia sido feito nenhum trabalho com base na Justiça Restaurativa, portanto começou pelo Município de Santana, já que foi colocado em prática no Núcleo de Mediação, Conciliação e Práticas Restaurativas, que há época não havia sido criado oficialmente (existia de fato, mas não de direito).

Como a Sra. valia os avanços na prática de Justiça Restaurativa ao longo desses anos, no Estado?

Na prática, os Círculos se mostraram muito poderosos para a reconstrução de relações, trazendo leveza, tranquilidade, paz e empoderamento. Sob essa ótica, vejo que cada vez que as pessoas conheciam esse novo paradigma e passavam a ver as coisas com outras lentes, se contagiavam e queriam compartilhar com outras pessoas, possibilitando um crescimento rápido. O trabalho do Núcleo começou a se expandir e passamos a receber demandas não só das Varas de famílias, mas da Vara de Infância e Juventude e Vara de Violência Doméstica. Na mesma ocasião realizamos um trabalho em uma comunidade denominada Ilha de Santana. Lá realizamos várias atividades de Círculos para que a comunidade conversasse, entre si, assuntos importantes. O resultado foi uma comunidade mais empoderada, mais humanizada e com senso de pertencimento.

Quais foram os principais avanços e mudanças?

Penso que o avanço mais importante foi saber que a sociedade está voltando a acreditar na possibilidade de mudanças e de reconstrução de um mundo mais pacífico. As pessoas passam a ficar mais abertas ao diálogo. E mais. As instituições estão acreditando e apostando na adoção da metodologia da Justiça Restaurativa não só como instrumento de solução de conflitos, mas também como um novo paradigma que tem o diálogo, o entendimento como instrumentos centrais para a construção de relacionamentos mais saudáveis. Nesse sentido, posso mencionar que a Secretaria de Educação do Estado resolveu inserir a Justiça Restaurativa como política pública institucional em toda a rede de ensino; o Instituto Penitenciário do Amapá criou Núcleo de Justiça Restaurativa para a solução de seus conflitos; O Poder Judiciário vem adotando a metodologia dos Círculos para a solução de conflitos em seus CEJUSCs; as instituições de atendimento à criança e à mulher (CRAS, CREAS, CRAM, CAMUF) vem utilizando os Círculos para solução de conflitos, para tomada de decisões e para fortalecimento de vínculos etc.

Como a Justiça Restaurativa está mudando a forma de resolução de conflitos?

A Justiça Restaurativa traz à sociedade uma nova lente, que nos ajuda a reencontrar nossa humanidade, nos traz o senso de pertencimento e empoderamento. Na minha percepção são os três elementos necessários para a construção de relacionamentos saudáveis, baseado no diálogo, no compartilhamento de dor, angustias e preocupações, mas ao mesmo tempo fortalece a crença de que é possível a transformação da cultura da violência, que é bastante arraigada, em uma cultura de paz, uma cultura de relacionamentos saudáveis, que entendo ser o segredo da felicidade.

CAPÍTULO 8

MEDIAÇÃO RESTAURATIVA: UMA PRÁTICA DE JUSTIÇA RESTAURATIVA EM EMPRESA

Sueli Mazzer Renberg e Marisa Japur*

** O céu ficou mais iluminado pelo seu largo sorriso, mais humano por toda sua generosidade de nos ensinar tanto e mais brilhante pela sua lucidez e inteligência. Muito orgulho por termos realizado este trabalho juntas e ter deixado mais este legado. Fique tranquila. Cuidaremos de tudo que nos ensinou.*

(Sueli Mazzer Renberg)

Marisa deixou muitos ensinamentos. Uma semente foi plantada e hoje nos rende belíssimos frutos. Nossa eterna gratidão pela contribuição dada à empresa.

(Fernanda Ibiapina)

Este capítulo aborda o processo de implantação de Práticas de Justiça Restaurativa para o atendimento de demandas da Ouvidoria Interna (OI) em uma organização financeira brasileira de grande porte. O objetivo desde texto é relatar as necessidades e os motivos geradores dessa solicitação pela empresa e descrever a proposta de trabalho que teve como ponto de partida a capacitação da equipe de ouvidores por meio de uma metodologia que integrou os princípios da Mediação de Conflitos e das Práticas Restaurativas e o modelo de ação resultante. O relato das autoras é complementado pelo depoimento de um dos colaboradores envolvidos nas ações teóricas e práticas do projeto.

A Ouvidoria é um instituto dentro de empresas públicas ou privadas que tem como objetivo dar voz e vez ao cidadão consumidor, fornecedor ou colaborador. Sobre os objetivos das Ouvidorias, Volpi (2002, p. 121) comenta:

> *O empresário que ouvir os seus clientes tem muito mais chance de prosperar e realizar lucros em relação àquele que não os ouve. Entretanto, ninguém dá o que não tem. Se não tiverem bem dispostos e motivados, os funcionários, por mais qualificados que sejam, não proporcionarão um atendimento muito bom ao cliente externo.*

As Ouvidorias têm como princípios valores éticos: independência, imparcialidade e autonomia. Representam, em última instância, os interesses genuínos do seu público, buscando solução e atendimento às necessidades colocadas, promovendo melhorias internas para que as causas sejam corrigidas. Recebem manifestações sobre insatisfações ligadas a processos, produtos e relacionamentos entre os públicos além de sugestões, elogios e denúncias, delineando para cada tipo de manifestação formas de tratamento para que as pessoas responsáveis internamente sejam acionadas e possam caminhar em busca da melhor solução para todos.

Quando a Ouvidoria está voltada para atender o cidadão consumidor ela é denominada simplesmente Ouvidoria, quando voltada para fornecedores sua denominação tem sido Ouvidoria de Fornecedores e quando sua proposta é a de ouvir os colaboradores da organização é chamada de Ouvidoria Interna.

As Ouvidorias Internas, objeto deste texto, se constituem em um ambiente institucional nas organizações, sendo uma importante área responsável por receber demandas de funcionários insatisfeitos com seus colegas, sejam eles de qualquer escala hierárquica, ou mesmo com a organização na qual trabalham. Em geral, os colaboradores não querem levar essas demandas para seus superiores ou para o setor de RH por medo de retaliação ou mesmo por já terem levado sem terem obtido respostas satisfatórias. Em muitos casos, os funcionários chegam à Ouvidoria já com possível comprometimento de saúde e/ou de produtividade, com graves prejuízos ao bem-estar de todo o grupo de trabalho. Também são recebidas questões ligadas a procedimentos operacionais e relacionadas a princípios éticos como desrespeito aos valores da Organização.

As Ouvidorias Internas se caracterizam como espaço relevante para o exercício da comunicação dentro das organizações, tendo como princípio a ideia de que favorecer a comunicação interna é valorizar a dimensão humana e a cidadania. Para Giangrande (2001), existe uma distância muito grande entre os dirigentes e os colaboradores do nível operacional de uma empresa, o que dificulta a comunicação. Com as Ouvidorias Internas os funcionários podem ser ouvidos caso a caso, evitando-se bloqueios e mal entendidos, gerando um ambiente onde eles se sintam valorizados e informados sobre o que acontece na empresa e afeta seu trabalho.

Entretanto, o modelo de atendimento das ouvidorias ainda hoje desenvolvido na maioria das organizações brasileiras tem como base os valores da nossa sociedade ligados a um paradigma de Justiça punitiva, que tem sua origem no ordenamento Jurídico brasileiro, permeando também outras dimensões sociais, como, por exemplo, o sistema educacional e muitos outros tipos de relações sociais. Este modelo consiste em identificar o conflito, buscar o culpado ou os culpados e desencadear melhorias ou atos corretivos ou de punições para que a harmonia se restabeleça. Todo cuidado é tomado para que o conflito não aumente, preservando as pessoas, áreas e a organização, por meio de confidencialidade com as ações e pessoas envolvidas.

Não obstante, é importante salientar que este paradigma de Justiça punitivo ou retributivo tem sido questionado na sociedade brasileira por conta de seus resultados insatisfatórios sem relação ao aumento da violência, bem como por seu foco reducionista na figura do agressor, na norma Jurídica ou social que foi violada e na sanção que deve ser aplicada, desprezando a história e as relações da vítima. Para Zerh, (2008), o paradigma retributivo entende o crime como ofensa à seguridade social, e não como agressão à pessoa e à convivência pacífica na sociedade, propondo, portanto, um modelo de tratamento vingativo-punitivo, que tem como finalidade retribuir o mal pela pena, mas não visando reorganizar as relações e reparar os danos.

É neste contexto que se coloca a necessidade trazida pela Ouvidoria Interna da organização atendida favorecendo a sugestão de se criar um modelo de atendimento baseado em um novo paradigma, que adotasse os princípios da Mediação de Conflitos e da Justiça Restaurativa.

O passo inicial para o começo desse trabalho se deu em Brasília, em abril de 2013, a partir de uma conversa com o Ouvidor Interno e a assessora empresarial. Eles gostariam de conhecer as possibilidades de implantação da Mediação de Conflitos como uma nova metodologia para a resolução das demandas que recebiam dos funcionários.

Os responsáveis pela OI da instituição relataram que a área já existia há alguns anos e vinha atuando dentro de um formato tradicional de resolução das demandas. Ou seja, após receber a demanda se dar um retorno ao funcionário de que tudo seria verificado, uma investigação detalhada era desencadeada para analisar o que estava realmente ocorrendo. Quando julgado necessário, eram consultados e ouvidos separadamente o reclamante e o reclamado e, às vezes, os funcionários envolvidos pela proximidade ou pelo processo. Estas consultas e escutas eram feitas de forma confidencial, pois era preciso, além de compreender o que vinha realmente ocorrendo, saber quem de fato era o culpado. Feita essa investigação, as correções ou melhorias eram aplicadas sobre o demandado. Dentre elas, treinamentos, advertências, transferências e até demissões.

No entanto, a questão que a OI daquela instituição vinha enfrentando era que, a par de um processo altamente detalhado, ético e sofisticado, os funcionários que buscavam a área levando suas insatisfações continuavam descontentes com o demandado e agora também com a própria OI. Eles consideravam que, como não haviam participado da resolução, entendiam que nada havia sido feito. Na visão deles, mesmo que providências tivessem sido tomadas, ficavam com a impressão de que não foram atendidos, pois não tinham acesso aos resultados de suas queixas.

Neste cenário um tanto desafiador, é verdade, o Ouvidor e sua assessora solicitaram que houvesse uma preparação da equipe da Ouvidoria Interna para que pudessem implantar a Mediação de Conflitos como uma ferramenta de atendimento às demandas.

Diante deste quadro, tornou-se necessário problematizar alguns paradigmas dominantes nessa cultura organizacional para que, além da metodologia da Mediação de Conflitos, fossem propostos conceitos, princípios e valores da Justiça Restaurativa.

Calmon (2013) caracteriza a "mediação como a intervenção de um terceiro imparcial e neutro, sem qualquer poder de decisão para ajudar os envolvidos em um conflito a alcançar voluntariamente uma solução mutuamente aceitável". Por sua vez, Marshall (2005) explica que "Justiça Restaurativa é um processo pelo qual todas as partes ligadas a uma ofensa em particular se reúnem para resolver coletivamente como lidar com as consequências da ofensa e suas implicações para o futuro". Tendo por base estes conceitos a respeito de Mediação e Justiça Restaurativa foi possível o início de um diálogo que buscasse formas alternativas de atendimento às demandas da OI da organização.

Os dois representantes da instituição tinham um bom conhecimento sobre Mediação, mas ainda não haviam tido contato com a Justiça Restaurativa, razão pela qual se realizou uma explanação sobre o que é a Justiça Restaurativa e como sua prática poderia ser adaptada à empresa, em especial a esta necessidade por eles colocada, trazendo resultados bastante diferentes do que vinham obtendo. Após a sugestão de algumas leituras sobre o tema, o trabalho teve início por meio de um projeto que tinha como objetivo preparar a equipe da Ouvidoria Interna (11 - onze profissionais) e alguns de Gestão de Pessoas, totalizando 14 profissionais, para atuarem como Mediadores por meio de um projeto de capacitação que começou em julho de 2013 e foi finalizado em agosto do mesmo ano.

A CAPACITAÇÃO DA EQUIPE DE OUVIDORIA INTERNA

Um dos principais objetivos foi possibilitar aos quatorze participantes um entendimento geral sobre os conceitos de Mediação e a exploração prática de sua utilização no contexto empresarial de relacionamento com clientes e funcionários, fazendo com que relações de impasse com seus públicos pudessem ser evitadas e resolvidas de forma construtiva.

Havia também o compromisso de que a equipe da OI tivesse um efeito multiplicador para a capacitação dos Gestores de RH como Mediadores Restaurativos, em todos os segmentos da organização.

Para isso, foi organizada uma capacitação em Mediação de Conflitos, constituída de dois módulos, um teórico e outro de prática simulada. O módulo teórico teve 16 horas de duração, incluindo nas últimas 4 horas uma introdução à Justiça Restaurativa. Este programa foi ministrado em quatro dias, uma vez que os participantes não poderiam deixar suas funções por dois dias inteiros, já que todos os integrantes da área foram inseridos na capacitação. Este parcelamento em quatro dias tornou-se muito benéfico, pois havia um tempo entre um dia e outro para assimilarem os conceitos e, em especial, as mudanças paradigmáticas. E, no dia seguinte, sempre havia uma série de reflexões trazidas pelos participantes, fossem elas de conexão com o tema ou não.

Dessa forma foi desenhada a capacitação teórica e prática que passou a ser denominada como *Mediando Conflitos e Facilitando Diálogos em Organizações,* estruturada nos seguintes módulos.

1. Módulo Teórico
Revendo paradigmas dominantes e outros conteúdos

Para pontuar uma mudança de paradigma, necessária às novas práticas que proporíamos com essa capacitação, logo no início foi solicitado aos participantes que expusessem com quais crenças e valores eles mais comumente vinham operando em seus procedimentos na OI. Também foi útil propor ao grupo uma reflexão acerca de: com quais conceitos e paradigmas, em geral, nossas empresas operam? Quais concepções sobre a natureza dos processos de comunicação embasam seus Regulamentos Internos, Código de Conduta, as descrições de responsabilidades de gestores e líderes e ainda as definições de procedimentos de atendimento de clientes e fornecedores?

Essas reflexões levaram à conclusão de que os procedimentos até então adotados na OI eram baseados em um paradigma que compreende comunicação humana como transmissão de sinais. Neste paradigma, que concebe a linguagem como representação do mundo, do que está fora do observador, ou expressiva de seu mundo interno, o importante na comunicação é informar e descrever de forma objetiva, clara e precisa. A comunicação é, então, pensada como um processo linear entre o emissor e o receptor. Se o receptor cuida para que sua mensagem seja adaptada à capacidade do receptor, se ele usa o canal adequado e se o receptor está apto a receber a mensagem, a comunicação ocorre sem ruídos. Se ruídos surgem, produzindo desentendimentos e conflitos, estes só podem ser compreendidos como incapacidade ou má fé de um ou de ambos os interlocutores. Assim concebido o processo de comunicação quando desentendimentos e conflitos ocorrem, busca-se apurar quem é responsável ou o culpado por eles. Dessa forma, julgamento, desqualificação e culpabilização são ações frequentes.

Frente a um mundo cada vez mais diversificado, que cultiva a transparência e a explicitação das diferenças, tanto no que nos agrada quanto no que não, ampliam-se as possibilidades de existirem desentendimentos e conflitos entre as diferentes posições que as pessoas assumem e defendem em seu cotidiano. Como lidar com esses conflitos à nossa frente, quando compreendemos a comunicação entre os conflitantes a partir do modelo acima descrito? Quais formatos de conversa acabamos por estabelecer para a busca de solução? E como ficam as relações após essa "solução"? É possível restabelecer relações, após um jogo de julgamento que culpabiliza e desqualifica? Quando e o quanto isso é possível?

Essa problematização favorece a introdução de outro paradigma de linguagem que por sua vez compreende desentendimentos e conflitos de outro modo e legitima outras ações diante deles. Ele emerge nos desdobramentos da filosofia da linguagem, com contribuições de muitos autores (destacamos, pela especial influência sobre nós, Rorty, 1992; Wittgenstein, 1995; Foucault, 2002; Austin, 1990, Folger, 2012). Para estes autores a comunicação é ação, é desempenho relacional e os aportes da Teoria da Comunicação à Mediação apresentam uma perspectiva relacional no surgimento do conflito considerado aqui como "uma crise na interação humana" e o propósito do mediador é ajudar a superar a crise restaurando uma interação construtiva (Folger, 2012). Este paradigma de linguagem compreende a comunicação como produção relacional de sentidos e não como produção de uma mente individual (Gergen, 1994) e assume o caráter performático da linguagem (Harrè & van Langenhove, 1991). A comunicação passa então a ser compreendida como um processo constitutivo das relações humanas. Integrada aos fundamentos conceituais descritos nas teorias da comunicação, a Mediação oferece ferramentas potenciais às novas formas de pensar, de conhecer e de fazer.

É importante considerar que as diversas contribuições dadas às teorias da comunicação foram assimiladas pelo pensamento Construcionista Social, tal como foi nomeado por Gergen (1985). Considera-se que as contribuições do pensamento Construcionista Social, que nos convida a focar as relações entre as pessoas, e não as pessoas separadamente, para compreender quais realidades relacionais construímos enquanto conversamos ajudam a compreender desentendimentos e conflitos como construídos em coautoria, mediante a coordenação de ações que suplementam umas às outras. Com isso, frente aos conflitos e desentendimentos, somos convidados a uma postura de não julgamento e curiosidade para compreender a perspectiva de cada pessoa.

Dessa forma, o programa de capacitação foi desenvolvido, sendo nossa prática baseada nesta perspectiva relacional da linguagem, extremamente alinhadas com os fundamentos da Mediação de Conflitos e das Práticas Restaurativas. Ela nos favoreceu a criação de conexões entre todos, a abertura para estarem disponíveis aos imprevistos e às considerações de cada um, o respeito pelo pensar do outro, a compreensão e o acolhimento das diferenças, criando um contexto propício a uma aprendizagem vivencial dos efeitos que produzimos quando conversamos, tendo por base essas premissas relacionais.

1.1 Conteúdo e Recursos Utilizados na Capacitação

Além de oferecer as bases teóricas da Mediação de Conflitos (Calmon, 2013; Moore, 1998; Schnitman, 1999; Yazbek, 2002) e das Práticas Restaurativas (Almeida, 1998; Melo, Ednir & Yazbek, 2008; Wachtel & O´Connell, 2010), foram lançados alguns recursos didáticos. Para conhecerem mais profundamente um Encontro Restaurativo o grupo assistiu ao filme *Burning Bridges (Incendiando Pontes)*, do International Institute for Restaurative Practices (IIRP), e algumas outras aplicações por meio do vídeo *Restorative Approaches in Schools*, de Belinda Hopkins, que se trata de um vídeo sobre as origens da Justiça Restaurativa, seus princípios e valores e, ainda, as cinco Perguntas Restaurativas que compõem seu procedimento.

Além disso, também foi usado um trecho do filme *In my Country* (*Em Minha Terra*), que mostra como foi o trabalho da Comissão da Verdade e Reconciliação implantado pelo governo da África do Sul, em 1996, para investigar abusos contra direitos humanos cometidos devido ao *Apartheid* (segregação das populações negra e branca, veiculada pela política oficial de minoria branca da República da África do Sul, durante a maior parte do século XX). Este trabalho consistia em aproximar os responsáveis pelos abusos e as vítimas e obter o depoimento de sua participação e o relato do acontecido. Assim, após a verdade ser resgatada e descrita, eram anistiados de acordo com a tradição nativa de *Ubuntu*. Este movimento possibilitou uma solução sem guerras, baseada no princípio de que, com a busca da verdade, vítimas e ofensores poderiam restaurar suas relações, reparar danos e encontrar um jeito de continuar a vida (Basilele, 2014).

Neste sentido, o filme demonstrava o poder da crença de que assumir o ato diante da vítima gera grandes possibilidades de anistia e liberdade. Também foram introduzidas reflexões para se caminhar por uma trilha diferente da qual se costuma utilizar em nossa sociedade, que representa o caminho da acusação, da vingança e da punição.

Outro ponto a ser reforçado foi o respeito à percepção individual e subjetiva do observador e a inclusão das diferenças, com um recurso oriundo da Teoria do Observador (Maturana, 1987), propondo um exercício no qual os participantes recebem uma mesma foto e devem produzir uma história sobre ela. Com esse exercício, eles puderam experimentar como cada um teve perspectivas diferentes sobre uma mesma cena, tornando-os sensíveis a uma escuta sem julgamento.

2. Módulo de Prática Simulada

Após a capacitação teórica iniciou-se o módulo prático composto por 16 horas, divididas também em quatro dias, com a realização de simulações de casos reais. Para tanto, a própria equipe de ouvidores selecionou casos reais que chegaram à ouvidoria para que, por meio de simulações, os participantes experimentassem na prática o procedimento de Mediação Restaurativa que propusemos, tanto do lugar de mediador como do demandante e do demandado.

A proposta de um procedimento foi levada à Mediação Restaurativa na Ouvidoria Interna e, juntamente com os ouvidores, construímos um modelo adequado às especificidades do contexto local da organização.

MEDIAÇÃO RESTAURATIVA: UM NOVO PROCEDIMENTO PARA OUVIDORIA INTERNA

Da conjunção entre os princípios das práticas da Mediação de Conflitos e da Justiça Restaurativa elaborou-se um modelo que recebeu o nome de Mediação Restaurativa, para a qual propusemos um procedimento constituído por três momentos: (1) Construção da Adesão, (2) Encontro de Mediação Restaurativa e (3) Monitoramento dos resultados.

1º momento: Construção da Adesão

A adesão ao procedimento de Mediação ocorre em conversas com o demandante e o demandado separadamente. Quando uma demanda chega à OI, o demandante é ouvido e são esclarecidos detalhes da sua solicitação. O reclamante é o primeiro a receber o convite para participar da Mediação Restaurativa, quando lhe é explicado como acontecerá esse procedimento. Ele também é informado sobre quem será o mediador e que o seu superior hierárquico será informado sobre os procedimentos. É informado também sobre o compromisso de sigilo e a confidencialidade do processo. Caso o demandante aceite participar da Mediação Restaurativa, combinam-se possibilidades de data e horários.

Após informar o demandado sobre a reclamação/solicitação recebida, ele é ouvido e informado que o demandante aceitou buscar a resolução do conflito mediante a Mediação Restaurativa. A construção da sua adesão ao processo é realizada da mesma forma que a do demandante, adequando-se a linguagem e as informações.

Quando ambos aderem ao procedimento, o mediador passa a ser o facilitador do processo até sua conclusão.

Caso o demandante não aceite participar, haverá um encontro em separado para aplicação da metodologia primeiro com o demandante e, depois, com o demandado. Este procedimento foi chamado de Conversa Restaurativa.

Caso o demandado não concorde com a participação no encontro de Mediação, um processo tradicional será aberto. A Ouvidoria Interna conduz entrevistas com o público selecionado para definir sobre a procedência ou improcedência do processo.

2º momento: O Encontro de Mediação Restaurativa

Obtida a adesão, o Encontro de Mediação Restaurativa constitui um espaço para uma conversa estruturada, facilitada pelo mediador que exerce essa facilitação guiado por um roteiro elaborado especificamente para essa organização, levando-se em conta os recursos e os limites desse contexto.

Quando reunidos, demandante e demandado com o mediador, este se apresenta, reforçando sua imparcialidade, explicando os objetivos do encontro: que cada um possa falar e ser ouvido para buscarem juntos a decisão de como querem ver resolvido seu conflito / desentendimento.

Novamente é explicado como se dá o procedimento da Mediação Restaurativa e são esclarecidas as regras necessárias para que o encontro alcance seus objetivos: não interromper quando o outro está falando, a possibilidade de realizar anotações enquanto ouve, que todos terão o mesmo tempo de fala e que as respostas devem ser sobre o que foi perguntado. Para favorecer que os mediados possam se ater ao perguntado, nesse momento, as perguntas restaurativas são apresentadas, para que possam saber que terão a oportunidade de serem ouvidos com relação aos aspectos envolvidos no conflito.

Obtida a anuência dos mediados sobre estas regras, o mediador procura se certificar de que os mediados estão minimamente confortáveis para iniciar com as perguntas restaurativas, após todos assinarem o termo de sigilo e confidencialidade.

As cinco perguntas Restaurativas de Belinda Hopkins (abaixo) foram adaptadas ao contexto daquela organização, não se perdendo, no entanto, os temas que as embasam acrescentamos a essas cinco perguntas restaurativas mais uma, a pergunta de número 3, baseando-se na concepção da coconstrução do conflito, visando que ambos os envolvidos reconheçam sua participação e assumam o compromisso de contribuir com a dissolução do mesmo.

Assim, as seis perguntas restaurativas são feitas individualmente, começando-se pelo demandante, e são realizadas uma a uma, para os dois, garantindo a não interrupção.

Quadro 1 • 5 Perguntas Restaurativas, segundo Belinda Hopkins

Temas	Perguntas
Percepções diferentes	1.O que aconteceu?
Pensar, sentir, agir	2.O que pensou? O que sentiu?
Efeitos das ações	3.Como te afetou? E a quem mais?
Necessidades	4.O que você precisa que aconteça?
Responsabilização	5.O que você pode fazer para que isso aconteça?

Quadro 2 • Perguntas Restaurativas adaptadas para a organização:

1. O que aconteceu do seu ponto de vista?
2. O que você sentiu sobre o ocorrido?
3. Como você acha que pode ter contribuído para que a situação ficasse desta forma (o que fez ou deixou de fazer)?
4. Além de vocês, quem mais foi ou está sendo afetado por esta situação?
5. O que você acha que precisa acontecer para as coisas voltarem a ficar bem?
6. Como você pode contribuir para que as coisas voltem a ficar bem?

O mediador ouve com curiosidade e respeito e dialoga com os mediados sobre a questão apresentada, buscando identificar e ressaltar interesses comuns entre eles, relacionados à melhoria das relações interpessoais e ao melhor trabalho em equipe. Procura focar o diálogo na visão de futuro, o que tende a estimular os mediados a proporem alternativas de solução do conflito/desentendimento em questão.

Concluídas as perguntas e respostas, o mediador reforça quais foram os compromissos assumidos por cada mediado e que constitui o entendimento que estão propondo para dissolver o conflito entre eles. Esses combinados são escritos pelo mediador sob a forma de um Termo de Compromisso e todos assinam, selando o acordo. Esse termo é consultado no momento do acompanhamento dos resultados, após 30 dias do encontro.

Não havendo entendimento entre o demandante e o demandado, é aberto um processo tradicional (Estudo de Caso de Ouvidoria) para definição da procedência da demanda e estabelecimento de possíveis consequências.

3º momento: O Monitoramento dos Entendimentos

Ao final do processo de Mediação e havendo acordo entre as partes, é combinado um novo contato de acompanhamento, após 30 dias, para juntos verificarem a eficácia do entendimento que produziram, e marca-se a data e o horário para que esse monitoramento dos resultados possa ocorrer. Nesse encontro, caso necessário, novos combinados podem ser construídos, analisando-se as razões pelas quais eles seriam necessários. Esses encontros de monitoramento acontecem até que ambos os mediados sintam-se atendidos em suas necessidades.

Este módulo de prática simulada trouxe uma efetiva participação e corresponsabilização de toda a equipe pelo processo de mudança e também uma adequação à realidade da empresa e sua cultura, bem como confiança para a implantação desse novo procedimento de atendimento na OI.

A CONSTRUÇÃO DE UMA CULTURA DE PACIFICAÇÃO E DE RESTAURAÇÃO DE RELAÇÕES

A perspectiva da organização de implantar uma nova cultura para pacificar relações conflituosas realizou-se com a construção de uma Rede de Mediadores Restaurativos dentro da instituição. Essa rede foi construída com os ouvidores capacitados dentro desse projeto, sendo multiplicadores na capacitação dos Gestores de RH e dos Gestores de Equipes de todos os segmentos da organização. Os profissionais que ocupavam na organização esses cargos de gestão tanto de áreas operacionais como no RH foram convidados a serem preparados para esta atividade e só foram capacitados os que aceitaram o convite de forma voluntária.

A preparação destes gestores foi realizada por meio de um treinamento inicial - a distância - disponibilizado no site da instituição abordando os conceitos da Mediação e da Justiça Restaurativa e o entendimento do seu papel por meio de um roteiro pré-definido. Aos gestores que mostraram interesse em se capacitar para exercer essa função foi oferecido um programa presencial, envolvendo também teoria e prática simulada. Estes gestores capacitados só ocupariam a posição de mediadores quando não tivessem relação com a questão objeto da Mediação, preservando-se a imparcialidade - um dos princípios da Mediação e da Justiça Restaurativa, para quem conduz o processo.

Um dos fatores que contribuíram para o sucesso na construção dessa rede foi a participação ativa e curiosa da equipe de ouvidores, incluindo pesquisa de *cases* de encontros restaurativos no YouTube, leitura da bibliografia indicada existente na época, visita a núcleos de práticas da Justiça Restaurativa em Brasília (DF)em busca de um conhecimento mais sólido de uso dessa metodologia. A escolha do tema da Mediação de Conflitos por uma das participantes da equipe para a elaboração de seu trabalho de conclusão de seu MBA fez com que esta construção ocorresse com muita segurança.

Além disso, como um dos efeitos dessa capacitação, tivemos informação de mudanças nos valores dentro da própria equipe de ouvidores, que passaram a referir um relacionamento mais efetivo dentre todos.

Como em todo processo de mudança, a adesão a essa nova cultura de solução de conflitos não se deu de forma homogênea entre todos da equipe de ouvidores. Alguns tiveram mais dificuldade para incorporar os novos valores dessa metodologia. Mas, aos poucos, foram sendo contagiados pelos resultados obtidos nesse processo de mudança e cada um a seu tempo foi aderindo.

Para a implantação dessa nova metodologia de atendimento da Ouvidoria Interna alguns procedimentos foram adotados. Decidiu-se que seria feita uma implantação de forma gradual, selecionando-se os casos a serem encaminhados para esse procedimento, tendo como critério o tipo de manifestações trazido à Ouvidoria. Seriam excluídas, num primeiro momento, situações que já estivessem judicializadas ou demandadas com ação disciplinar comportamental já instaurada internamente e, ainda, casos que envolvessem grupos e sobre ilícitos e assédios tanto moral quanto sexual.

Também se definiu que seriam encaminhados apenas casos com, no máximo, duas pessoas de cada lado, para os quais este formato de Mediação Restaurativa seria ofertado e a concordância do demandante em primeiro lugar e, em seguida, do demandado com a ciência dos gestores das áreas a que pertenciam os envolvidos seria necessária.

Outro fator do sucesso desse processo de construção de uma nova cultura para dissolução dos conflitos deve-se à necessidade das pessoas de sentirem que são ouvidas, que são participantes do processo que os afeta diretamente, estão convidadas a estarem juntos na tomada de decisão pela melhor solução para todos os envolvidos. Esclarecer que esta prática de Mediação Restaurativa possibilita aos envolvidos em um desentendimento, um conflito, encontrem juntos e em corresponsabilização pelos resultados que melhor os atenda.

Resultados estes muito diferentes de procedimentos em que se buscam culpados e se estabelecem punições, que em nada contribuem para um bom clima organizacional. Ao contrário, com essa metodologia criam-se as condições não só para que os conflitos sejam dissolvidos de forma autocompositiva, mas também as condições para que as relações sejam restauradas.

RESULTADOS DESSE PROJETO NA PERSPECTIVA DOS SOLICITANTES

O que deveria ser natural, houve certa resistência por parte de algumas pessoas, inclusive com relação ao nome Mediação Restaurativa. No entanto, com o tempo, essas resistências foram superadas a ponto de atualmente ela estar presente no portal da universidade corporativa da instituição. Um dos primeiros resultados da capacitação foi seu efeito multiplicador na organização, responsável pela construção de uma cultura autocompositiva na resolução de conflitos.

Ao longo dos meses os responsáveis pelas práticas restaurativas montaram oficinas em várias cidades do Brasil, reunindo profissionais de várias regiões, para compartilhar e disseminar o conhecimento, fazendo com que os envolvidos se tornassem cada vez mais engajados e confiantes nesse trabalho. O envolvimento foi tão grande que, conforme relatos do ouvidor responsável, as práticas restaurativas passaram a ser catalisadoras de vários momentos de reflexão e discussão entre as pessoas sobre práticas de trabalho e de relacionamento entre gerentes e subordinados. De outra parte, o envolvimento cada vez maior também possibilitou que as equipes se tornassem mais motivadas, realimentando todo o processo da disseminação.

O primeiro caso a ser solucionado por meio das práticas restaurativas aconteceu em Belo Horizonte (MG). Tal demanda foi tratada pessoalmente pelo Ouvidor Interno e pela assessora empresarial. Mais tarde, em São Luís (MA), a primeira Mediação foi conduzida por mediadora capacitada. Claro que era uma grande responsabilidade. Para isso, no entanto, ela se preparou com a devida antecedência e contou com ajuda de vários colegas. No final do processo esta pessoa disse estar emocionada. E, melhor, o demandante pode falar e também elogiou a postura da instituição por ter encontrado esse caminho para a resolução do conflito, mesmo em um período conturbado de final de ano e em meio à busca pelas metas internas. Para coroar essa primeira experiência, ao final, os dois profissionais envolvidos se abraçaram e pediram desculpas um ao outro. Essa história, inclusive, posteriormente, com anuência dos envolvidos, foi retransmitida a outras unidades da empresa. A partir desse êxito inicial as práticas restaurativas dentro da instituição começaram a ganhar cada vez mais espaço. “Nesse momento, todos estavam vendo uma mudança que estava funcionando. E a alegria de estar participando daquilo começou a contaminar as pessoas envolvidas. A partir daí tudo mudou, inclusive na forma de como se comunicar com as pessoas, de como ouvir melhor o demandado. Além disso, esses conhecimentos também passaram a ser usados no dia a dia pelos gerentes para resolver conflitos internos de suas áreas antes mesmo que eles crescessem e fossem direcionados à Ouvidoria Interna da instituição", lembra o responsável pela adoção deste trabalho.

Na referida instituição, o trabalho teve início, como piloto, no final de 2013 e no início de 2014 foi lançado oficialmente. Até julho de 2018, a Ouvidoria Interna já totalizava aproximadamente 526 casos mediados com a participação do demandante e demandado e 234 casos com a Conversa Restaurativa. Em 98% dos casos os acordos foram cumpridos.

Este foi um trabalho desenvolvido por meio da utilização dos princípios, crenças e valores como sempre procuramos fazê-lo e também foi de muito carinho, respeito e grande relacionamento entre todos, relacionamento este que perdura no tempo e ultrapassa o âmbito profissional.

REFERÊNCIAS BIBLIOGRÁFICAS

ALMEIDA, T. *Justiça Restaurativa e Mediação de Conflitos.* Publicado em 1998. Disponível em http://www.mediare.com.br/08artigos_06justica_restaurativa.html. Acesso em 10abr. 2018.

AUSTIN, J.L. *Quando dizer é fazer.* Porto Alegre: Artes Médicas, 1990.

BASILELE, M. *Filosofia do Ubuntu valores civilizatórios das ações afirmativas para o desenvolvimento.* São Paulo: CRV, 2014.

CALMON, P. *Fundamentos da Mediação e da Conciliação.* 2 ed. Brasília: Gazeta Jurídica, 2013.

FOUCAULT, M. *Arqueologia do saber.* Rio de Janeiro: Forense Universitária, 2002.

GERGEN, K.J. *Realities and relationships: sounding in social construction*. Cambridge: Harvard University Press, 1994.

GIANGRANDE, V. *O ombudsman na Iniciativa privada e o exercício da ética ABO a Ouvidoria no Brasil.* São Paulo: Associação Brasileira de Ouvidores, 2001.

HARRÈ, R. & VanLangenhove, L. (eds.) *Positioning Theory: moral context intentional action.* Oxford: Blackwell Publishers, 1999.

HOPKINS, B. *Restorative Approaches in Schools.* Vídeo, 2003.

IIRP, International Institute for Restaurative Practices *Burning Bridges (Incendiando Pontes),* Vídeo. Pensylvania: 2004.

MARSHALL, C. et al. *Como a Justiça Restaurativa assegura a boa Prática? Uma abordagem Baseada em Valores*. In SLAKMON. C., DE VITTO, R. & PINTO, R. S. (org.). Justiça Restaurativa, Brasília - DF: Ministério Da Justiça e Programa das Nações Unidas Para o desenvolvimento- PNUD, 2005.

MATURANA. H. *Tudo é dito por um observador*. In H. R. Maturana, C. Magro, M. Graciano & N. Vaz (Org.) A Ontologia da Realidade. Belo Horizonte: UFMG. 1987.

MELO, E. R. J; EDNIR, M.; YAZBEK,V. *C. Justiça restaurativa e comunitária em São Caetano do Sul: aprendendo com* *os conflitos a respeitar direitos e promover a cidadania* /130p. São Paulo CECIP, 2008.

MOORE, C. W.*O Processo de Mediação Estratégias Práticas para Resolução de Conflitos.* Porto Alegre: Artes Médicas, 1998.

RORTY, R. *The linguistic turn*. Chicago: University of Chicago Press, 1992.

SCHNITMAN, D. F. *Novos Paradigmas na Resolução de Conflitos* In SCHNITMAN, F. e **LITTLEJOHN,** S. (org.) Novos Paradigmas em Mediação, Porto Alegre: Artes Médicas, 1999.

SENA, A, G. Formas de resolução de conflitos e acesso à Justiça. *Rev. Trib. Reg. Trab. 3ª Reg.* Belo Horizonte, v.46, n.76, p.93-114, jul./dez.2007

VOLPI, A. *Na trilha da excelência: Vida de Vera Giangrande - uma lição de relações públicas e encantamento de clientes* - São Paulo: Negocio Editora 2002.

WACHTEL, T.; O´CONNELL, T. WACHTEL, B. *Reuniões de Justiça Restaurativa.* Bethlem, Pensilvânia, EUA: The Piper's Press, 2.010.

WITTGENSTEIN, L. *Investigações filosóficas.* Coleção: Os Pensadores. São Paulo: Abril Cultural, 1995.

YAZBEK, V. C. *Uso da Reflexão em Situações de Tomada de Decisão.* Não publicado. Distribuído no curso de Mediação do I*nstituto Familiae. São Paulo. 2002.*

ZEHR, H. *Trocando as lentes: um novo foco sobre o crime e a Justiça.* São Paulo: Palas, 2008.

AGRADECIMENTOS

Agradecimentos a Amaury Machado, que, gentilmente, além de nos apoiar e participar da implantação do Projeto, nos concedeu uma entrevista que nos facilitou e contribuiu com a escrita deste capítulo. Também agradecemos a toda equipe da Ouvidoria Interna, em nome de Fernanda Ibiapina dos Reis, assessora empresarial, por sua intensa participação e credibilidade no processo e nos propósitos do mesmo.

CAPÍTULO 9

COMUNIDADE DE APRENDIZAGEM COMO PROCESSO FORMATIVO EM PRÁTICAS DE JUSTIÇA RESTAURATIVA

Vania Curi Yazbek

Cientes de como princípios direcionam nossa prática ou de como intenções influenciam nossas interações, iniciamos essa conversa expressando as crenças subjacentes ao nosso trabalho como formadores e facilitadores em práticas de Justiça Restaurativa.

Acreditamos que a formação, ou mesmo a capacitação, de um facilitador de práticas de Justiça Restaurativa seja um processo de aprendizagem transformador, dialógico e criativo, que oferece a oportunidade de pensarmos de maneira diferente sobre nós mesmos, sobre os outros e sobre o viver em nosso mundo. Informado pelo Construcionismo Social, nosso trabalho pressupõe um compartilhamento entre comunidades diferentes, em busca de uma harmonização das diferenças ao invés de uma visão unificada e mais verdadeira.

Entendemos que ensino e aprendizagem não são uma transmissão de conhecimento de uma cabeça à outra. Ao contrário, são processos dialógicos, onde todos os integrantes, seja na função de professor ou de aluno, são parceiros de conversação, de construção de conhecimento e de mudança. São processos contínuos, circulares e espiralados, sem muita clareza de seu início ou fim.

Como diz Cora Coralina, *"ensinando, aprendo; aprendendo, ensino"*.

Identificamos no decorrer de nossos trabalhos que o conceito de comunidade de aprendizagem colaborativa e generativa descreve nosso fazer, seja pelo formato conversacional que adotamos na formação de facilitadores de práticas de Justiça Restaurativa, seja pelo seu efeito transformador e criativo, seja pela sustentabilidade da aprendizagem que se estende para além do curso em comunidades de prática e de aprendizagem. São atividades colaborativas e generativas de compartilhamento da prática que propiciam a criação de novos sentidos e conhecimentos pela continuidade da convivência dialógica.

Quais horizontes se abrem na educação se substituirmos nosso foco no indivíduo pelo foco na relação?

Focalizar as relações estabelece uma ligação entre excelência na educação e excelência na relação que, muitas vezes, adquire uma maior importância do que a própria matéria estudada.

Alunos e professores trazem para a sala de aula suas diferentes relações (consigo e com familiares, amigos, vizinhos, personagens de livros, seriados, jogos, entre outros), ou seja, as diferentes vozes desses múltiplos círculos dos quais participam. Incluí-las, seria estimular processos relacionais que possam impulsionar o fluxo contínuo de relações para ampliar o contexto local e global.

Quais metáforas teóricas nos ajudam a descrever as relações com essa potência criativa e transformadora?

✓ Kenneth Gergen (2015, El Ser Relacional) nos oferece a **visão relacional do ser.** Questiona a visão delimitada e encapsulada do ser humano por descrever as relações entre os indivíduos como um movimento entre bolas de bilhar que, ao se tocarem, causam um deslocamento. Ao contrário, essa visão relacional propõe que a identidade individual é gerada em formas particulares de relacionamento e, consequentemente, que a responsabilidade deva ser considerada relacional também.

Trazendo para primeiro plano a relação interpessoal, realça a visão contemporânea da linguagem como construtora social, onde a criação de sentido se dá por meio de atividades colaborativas entre os seres humanos. Considerando a linguagem como ação, ou seja, o conhecimento de si e do mundo como um produto social, nossa meta, portanto, deverá ser a melhoria do processo relacional que o produz.

Nessa perspectiva, nos devemos perguntar sobre o que fazemos juntos, como participamos desses relacionamentos; devemos explorar as diferenças para transcender o problema e criar novas realidades possíveis; devemos nos perceber implicados nas origens da situação, ao invés de nos posicionarmos com julgamentos e avaliações individuais. O sujeito passa a ser *nós,* o espaço de interação onde fazemos algo juntos, o espaço da interdependência.

Esse enfoque relacional descreve um sujeito participante em diferentes círculos de conversação que, articulados entre si, têm a potência de implicar todos como construtores do mundo onde vivem. Podemos chegar a dizer que, nessa construção, somos coautores do mundo onde vivemos.

Essa perspectiva valida teoricamente os questionamentos e as propostas da Justiça Restaurativa no que diz respeito à responsabilização coletiva. Portanto, deveremos repensar para além de uma visão encapsulada do ser humano, desde as raízes e as respostas dadas às situações de conflito e de violência, até os processos de formação de facilitadores de práticas restaurativas.

✓ **Saber de experiência como fruto de conversações:** Jorge Larrosa Bondía (2002) distingue *experiência* de *informação,* questionando a ênfase contemporânea dada ao estar informado como sinônimo de saber. Define experiência como aquilo que nos passa, que nos acontece, que nos move, que nos forma e nos transforma. Somente o sujeito da experiência está, portanto, aberto à sua própria transformação. Consequentemente, define o *saber de experiência* como algo diferente de saber coisas, tal como se sabe quando se tem informação sobre as coisas, quando se está informado. Saber de experiência é um saber distinto do saber científico (métodos para um saber) e do saber técnico ou adquirido por muito tempo de prática (saber fazendo). O saber de experiência se dá na relação entre o conhecimento e a vida humana.

Saber de experiência é o meio do saber que forma e transforma a vida dos homens. É o modo como atribuímos, ou não, sentido à experiência. Se um experimento é genérico, a experiência é singular; produz diferença, heterogeneidade e pluralidade. E é acessado pela reflexão, pelas perguntas que possamos nos fazer sobre o que nos acontece e nos toca.

Compartilhar experiências nesse enfoque gera condições de diálogo entre diferentes. Tem uma dimensão de incerteza inevitável; é irrepetível; é surpreendente. Podemos dizer que não é o caminho para se chegar a algo previsto; mas é a abertura para o desconhecido, para o que não se pode antecipar nem *pré-ver*, nem *pré-dizer*. Saber de experiência é a possibilidade de que ocorra o maravilhamento em diálogo.

Retomando nosso saber de experiência, os processos de ensino e aprendizagem e as distintas metodologias de práticas de Justiça Restaurativa são formas dialógicas e reflexivas entre saberes e conhecimentos plurais e diferentes entre si; são potentes para a construção coletiva buscada nesses contextos dialógicos, a partir das singularidades e da sensibilidade ao maravilhamento. Podemos dizer que, em vez de caminhos, são uma abertura para o desconhecido, para o que não se pode antecipar, nem *pré-ver*, nem *pré-dizer*, como diz Larossa (2002).

✓ **Transformação em conversações**: segundo Harlene Anderson, um processo criativo transformador surge quando as pessoas envolvidas entre si compartilham e questionam, de forma crítica, suas experiências e suas crenças. Coincidimos com a proposta do educador e psicólogo Robert Kegan da Universidade de Harvard citada por Harlene Anderson (2011, p.37) "...o aprendizado genuinamente transformacional é sempre, em alguma extensão, uma mudança epistemológica e não meramente uma mudança no repertório comportamental ou um aumento na quantidade ou no estoque de conhecimento".

Assumindo a *troca de lentes,* sugerida por Howard Zehr (2008), como a proposta maior da Justiça Restaurativa diante da violência e do conflito, torna-se indispensável esse movimento epistemológico e transformador para possibilitar a adesão ideológica de todo indivíduo inserido nesse universo.

✓ **A perspectiva generativa de comunidade de aprendizagem e comunidade de prática**, segundo Dora Schnitman (2015), integra essas diferentes metáforas teóricas, na medida que focaliza nos diálogos e nas comunidades discursivas as possibilidades emergentes inovadoras e não previsíveis. Tais possibilidades, quando realçadas pelo operador generativo, transformam-se em conhecimento, fomentam o desenvolvimento das práticas e oferecem abertura para realidades ainda não exploradas.

Schnitman (2015, p.28-29) afirma que "esta visão pressupõe que trabalhar com a transformação das possibilidades existentes no sistema social, bem como com sua capacidade para desenvolver novas alternativas frente a situações mutantes... implica em aprender a trabalhar com os *processos formativos* de novos conhecimentos, aprendizagens e mundo sociais... que constituirão um *sistema que aprende*".

Sob esse enfoque, os participantes são atores ativos e responsáveis pela sua própria aprendizagem e adquirem a capacidade de autorregular-se e traçar seus próprios itinerários nesse processo (Rodrigues-Mena, 2013). Esse procedimento inclusivo que entende o diálogo como espaço social implica a todos na medida em que utiliza suas reflexões para melhorar a compreensão e as ações que emergem e para implementar a recuperação de poder e o reconhecimento recíproco dos participantes.

Na formação de um facilitador de práticas restaurativas ou na coordenação de um diálogo restaurativo de um grupo é muito importante considerar a maneira como o operador trabalha. É preciso que haja condições para que os círculos de diálogos que ocorram possibilitem que os participantes conversem com sua própria experiência bem como uns com os outros, e que possam refletir, elaborar, investigar e expandir as novas possibilidades que se apresentam para seus projetos, autorregulando os próprios processos, ou seja, falando com o(s) outro(s), enquanto fala consigo sobre a situação e sua integração nos processos em andamento.

Concluindo, fazemos o que fazemos informados pelas nossas crenças. Citando Maturana, (1996, p.11) "...nada do que você falar, assim como nada do que eu disser, emerge sem história. Isto é assim porque o que percebemos na experiência, e no viver, parece surgir do nada, como algo que aparece espontaneamente, como parte do nosso viver; ou nós vivemos como algo natural da vida ou, surpresos, nos detemos em uma reflexão transformando nossas surpresas em um motivo para nos perguntar pela sua explicação[...]".

NOSSAS CAPACITAÇÕES À LUZ DO *SABER DE EXPERIÊNCIA*

Como equipe Justiça em Círculo atuamos e capacitamos em práticas de Justiça Restaurativa desde 2005.

Como mediadoras transformativas sintonizamos com a visão relacional da sociedade humana que, segundo Folger e Bush, realça a importância de desenvolver instituições sociais com papéis diferentes e mais amplos do que os regidos por uma visão individualista do mundo. Ou seja, incluir como escopo de sua função institucional, o desenvolvimento de uma comunidade cívica e a valorização da interconexão humana.

Foi, e tem sido, um processo desafiante!

É mais fácil ensinar do que educar. Para ensinar, você só precisa saber; mas para educar, você precisa ser! Mafalda (personagem infantil)

Um educador É o currículo! É uma forma de estar nas relações educacionais desde um lugar de quem confia no processo dialógico e nos recursos do aluno, vivendo essas crenças para gerar, conjuntamente, novos aprendizados. É uma parceria onde a sabedoria, conhecimentos, costumes de cada um são reconhecidos, acessados, utilizados e, se necessário, questionados.

Literalmente, estivemos aprendendo e aplicando cada metodologia restaurativa em sua perspectiva teórica e prática. Desafiadas a colocar em prática nossas teorias, passamos a cuidar das relações, construir junto, atender necessidades de todos, sem imposição do que deveria ser, evitando julgamentos.

Com o propósito de manter coerência entre **forma e conteúdo,** ficamos atentas às respostas dos grupos ao que propomos e, aos poucos, fomos construindo conjuntamente um programa de curso e planos de aula que atendessem as necessidades que surgiam dos participantes. Chegamos a um formato de curso intensivo com duração de 48 horas distribuídas em uma semana.

Nossos norteadores têm sido:

• Pensar / sentir / agir;

• Fazer / aprender fazendo / elaboração da teoria partindo da experiência singular;

• Estimular a expressão de necessidades para otimizar os recursos da convivência;

• Atenção à confiança, aceitação, empatia, respeito para desenvolver ambiente colaborativo e seguro num processo de aprender/fazendo;

• Utilizar metodologias que favoreçam conexão no grupo e possibilitem reflexão crítica como aprendizado.

Pautamos nossas atividades pelos princípios e valores que norteiam a Justiça Restaurativa com o objetivo de desenvolver uma postura pessoal coerente com o proposto:

voluntariedade, igualdade, corresponsabilidade, autonomia, empoderamento, interconexão, honestidade, respeito, participação, imparcialidade, entre outros.

Procuramos trabalhar, durante qualquer atividade, a adesão a esses valores, desenvolvendo reflexão, escuta e uma postura condizente. Assim os princípios e valores são incorporados, transformando-se em *saber de experiência*. Não é um conhecimento/aprendizagem a ser aplicado aos outros, mas sim, em uso por todos implicados, compondo um *sistema que aprende*.

Continuando nossa linha do tempo, 2016 nos presenteou com a Resolução 225/2016 do Conselho Nacional de Justiça, um marco legal para a conceitualização da Justiça Restaurativa e a consequente maneira de implementá-la em nossa sociedade. Considerando essa proposta como um Plano de Ação, entendemos estar diante de um grande desafio:

- *Como promover transformações paradigmáticas com todos envolvidos: vítima, ofensor, comunidade, facilitador, instituição e Rede de Garantias, abrangendo as três dimensões - relacional, institucional e social da Justiça Restaurativa?*

Os deslocamentos conceituais e as recomendações para implementação da Justiça Restaurativa em Núcleos e Polos Irradiadores foram definidas pela Resolução 225/2016, procurando garantir sua sustentabilidade pela sua transformação em uma política pública de atendimento.

O que queremos chamar a atenção é para o cuidado com as capacitações para que não se restrinjam à dimensão relacional individual, mas que possam instrumentalizar os facilitadores também para atingir as dimensões comunitárias, sejam institucionais ou sociais. E, para isso, estender a revisão conceitual e a transformação paradigmática na maneira de resolução de conflitos às suas interações com todos atores envolvidos.

Desta forma, implementar projetos e formar facilitadores de práticas em Justiça Restaurativa demanda além de capacitar em uma técnica, incluir uma atenção especial ao desenvolvimento de uma visão ampliada para lidar com os desafios político-sociais da Justiça Restaurativa. E soma-se aqui, um aspecto fundamental a ser considerado: articular a rede das instituições participantes de forma que esta rede entenda-se responsável não apenas por ações concretas e pontuais de resolução de conflitos interpessoais (dimensão relacional), mas que também atue na compreensão de dinâmicas e de iniciativas coletivas e preventivas (dimensões institucional e social).

Pensando nas implicações dessa Resolução que normatiza o facilitador judicial de práticas de Justiça Restaurativa, não podemos deixar de registrar a importância de reconhecer as práticas realizadas fora do Sistema de Justiça.

Se por um lado fogem do controle colocando em risco a identidade de Justiça Restaurativa que acreditamos, por outro, seria exatamente por meio delas que poderíamos construir e expandir uma cultura restaurativa, além de propiciar o fortalecimento da comunidade na resolução de seus conflitos e na busca para atender suas necessidades. Em nossa experiência em São Caetano do Sul, o atendimento como JR em casos de violência doméstica tem sido possível porque as partes buscam conjuntamente algo que as ajude a mudar a situação, sem punição; e tem sido mantido por facilitadoras que são procuradas justamente por serem da comunidade e terem a possibilidade de acolher e trabalhar com melhor empatia essas questões.

QUESTÕES QUE NOS PREOCUPAM

- Desenhando uma rede de instituições governamentais, não governamentais e privadas, como incluir a perspectiva restaurativa na interação dos pontos de encontro entre elas?

- Como usar esses marcos legais para articular e integrar iniciativas e não demarcar territórios e criar barreiras?

- Como traçar nossa rede reconhecendo nossa interdependência?

REFERÊNCIAS BIBLIOGRÁFICAS

ZEHR, Howard. *Trocando as lentes: um novo foco sobre o crime e a justiça.* São Paulo: Palas Athena, 2008.
GERGEN, K. *El ser relacional -Más alla del Yo y de la Comunidad. Bilbao,* Editorial Desclée, 2015.

BONDÍA, J. L. *Notas sobre a experiência e o saber de experiência.* Universidade de Barcelona, Espanha, Geraldi, Universidade Estadual de Campinas, Revista Brasileira de Educação, nº 19, 2002.

ANDERSON, H. *Uma perspectiva colaborativa sobre ensino e aprendizado: a criação de comunidades de aprendizado criativo.* Revista Nova Perspectiva Sistêmica, Rio de Janeiro: Instituto NOOS, nº 41, 2011

SCHNITMAN, D. F. *Procesos generativos en el aprendizaje: complejidad, emergencia y auto-organización.* The TAOS Institute - in D. Fried Schnitman (ed.) (2015), Diálogos para la transformación: experiencias en terapia y otras intervenciones psicosociales en Iberoamérica - Volume 1. https://www.taosinstitute.net/worldshare-books, 2015.

MATURANA, H. Y, Bloch, S. *Biologia del emocionar y alba emoting Bailando Juntos.* Chile: Dolmen Ediciones, 1996.

FOLGER, J. P., Bush, R.B. *Mediação Transformativa e Intervenção de Terceiros: as Marcas Registradas de um Profissional Transformador.* Porto Alegre: Novos Paradigmas em Mediação - Artes Médicas, 1999, Cap 5, p. 85.

RODRÍGUEZ-MENA, M., *Aprender en Comunidades de práctica. Fundamentos teóricos y metodológicos del desarrollo de Comunidades de aprendizaje en organizaciones laborales.* Tesis de Doctorado em Cienciais de la Educación. Universidad de La Habana. 2013.

Resolução 225/2016 do Conselho Nacional de Justiça http://www.cnj.jus.br/atos-normativos?documento=2289

EQUIPE JUSTIÇA EM CÍRCULO

Aimée Grecco • Psicoterapeuta individual (crianças e adultos), de casal e familiar. Mediadora de Conflitos. Docente e socia fundadora do Mediativa - Instituto de Mediação Transformativa, capacitadora e integrante da equipe Justiça em Círculo, capacitadora licenciada pelo ILAPR/IIRP - Instituto Latino Americano de Prácticas Restaurativas/International Institute for Restorative Practices.

Cecilia Pereira de Almeida Assumpção • Pedagoga, psicopedagoga clínica e institucional, terapeuta familiar e de casal, psicodramatista sócioeducacional, diretora pedagógica da Escola ALFA, mediadora de conflitos, facilitadora e capacitadora de práticas de Justiça Restaurativa, licenciada pelo ILAPR/IIRP - Instituto Latino Americano de Prácticas Restaurativas/International Institute for Restorative Practices, integrante da equipe "Justiça em Círculo", sócia fundadora do Mediativa - Instituto de Mediação Transformativa.

Célia Bernardes • Facilitadora, capacitadora e coordenadora de projetos em práticas de Justiça Restaurativa. Mediadora e capacitadora em Mediação Transformativa de conflitos, psicoterapeuta individual, de casal e familiar, integrante da equipe Justiça em Círculo; sócia fundadora e integrante do Grupo de Mediação Educacional do Mediativa - Instituto de Mediação Transformativa, capacitadora licenciada pelo ILAPR/IIRP - Instituto Latino Americano de Prácticas Restaurativas/International Institute for Restorative Practices.

Cristina Telles Assumpção • Facilitadora, capacitadora e coordenadora de projetos de práticas restaurativas, mediadora de conflitos e capacitadora de mediadores transformativos, terapeuta clínica individual, familiar e de casal, mestre em Distúrbios da Comunicação (PUC-SP), integrante da equipe Justiça em Círculo, sócia fundadora do Mediativa - Instituto de Mediação Transformativa. Autora de publicações na area.

Dora Petresky • Socióloga, arte educadora, mediadora e capacitadora em Mediação transformativa de conflitos, coordenadora do departamento de Mediação da ONG Na'amat Pioneiras - SP, facilitadora e capacitadora de projetos em práticas de Justiça Restaurativa, integrante da equipe Justiça em Círculo, associada fundadora do Mediativa - Instituto de Mediação Transformativa, capacitadora licenciada pelo ILAPR/IIRP - Instituto Latino Americano de Prácticas Restaurativas/International Institute for Restorative Practices.

Heloise Helena Pedroso • Advogada especializada em Contratos pela Universidade de Direito de São Paulo (USP), formação em Análise Transacional e Atendimento Sistêmico a famílias e redes pelos Institutos Gente e Familiae, mediadora e capacitadora em práticas dialógicas colaborativas com especialização pelo Diplomado de Práticas Dialógicas da Universidade Adolfo Ibáñez, associada do Mediativa - Instituto de Mediação Transformativa.

Joyce Rososchansky Markovits • Advogada, terapeuta familiar, mediadora e capacitadora em Mediação transformativa de conflitos, facilitadora e capacitadora em projetos de práticas de Justiça Restaurativa, sócia fundadora da HERA - Instituto de Mediação, Treinamento e Consultoria, coordenadora do departamento de Mediação da ONG Na'amat Pioneiras - SP, Coordenadora do Projeto de Reinserção Familiar e Social do Dependente Químico por meio da metodologia da Justiça Restaurativa, pela Comissão Especial de Estudos e Prevenção de Drogas e afins da OAB/SP, integrante da equipe Justiça em Círculo, capacitadora licenciada pelo ILAPR/IIRP - Instituto Latino Americano de Prácticas Restaurativas - International Institute for Restorative Practices.

Mara de Mello Faria • Advogada, especialista em Meios Alternativos de Solução de Conflitos pela Escola Paulista de magistratura, conciliadora do Centro Judiciário de Solução de Conflitos em Segunda Instância e Cidadania - CEJUSCS, mediadora da Câmara de Mediação do SECOVI, facilitadora e capacitadora de práticas de Justiça Restaurativa, integrante da equipe Justiça em Círculo do Mediativa - Instituto de Mediação Transformativa, sócia fundadora e integrante do Grupo de Mediação Educacional do Mediativa - Instituto de Mediação Transformativa, capacitadora licenciada pelo ILAPR/ IIRP - Instituto Latino Americano de Prácticas Restaurativas - International Institute for Restorative Practices.

Marta dos Reis Marioni • Psicologa; Mediadora de Conflitos pelo FAMILIAE; Mestranda pelo Instituto Kurt Bosh (BA-Argentina), sócia fundadora e capacitadora do Instituto THEM-Transformação Humana em Educação e Mediação, sócia fundadora e supervisora de Prática em Mediação do Instituto Mediativa, capacitadora em módulos teórico e práticos da Escola Superior do Ministério Público e do Projeto Cantareira de Mediação Penal Interdisciplinar da Promotoria de Santana- SP, facilitadora e capacitadora em práticas de Justiça Restaurativa, integrante da equipe Justiça em Círculo, membro fundadora do FONAME - Fórum Nacional de Mediadores.

Monica Cecília Burg Mlynarz • Psicóloga clínica e educacional, terapeuta individual, casais e familias, mediadora de conflitos, membro do corpo docente e coordenadora do curso de capacitação em Mediação de Conflitos do Mediativa - Instituto de Mediação Transformativa, facilitadora e capacitadora em práticas de Justiça Restaurativa, integrante da equipe Justiça em Círculo do Mediativa- Instituto de Mediação Transformativa, capacitadora licenciada pelo ILAPR/IIRP - Instituto Latino Americano de Prácticas Restaurativas/International Institute for Restorative Practices.

Sueli Mazzer Renberg • Consultora para implantação de Ouvidoria e gestão de relacionamento empresas, capacitadora de equipes de Ouvidorias, mediadora e capacitadora em Mediação Transformativa de conflitos, facilitadora e capacitadora em práticas de Justiça Restaurativa, sócia da AUDIRE Consultoria em Ouvidoria e Mediação, integrante da equipe Justiça em Círculo, sócia fundadora do Mediativa - Instituto de Mediação Transformativa, sócia desde sua fundação da ABO - Associação Brasileira de Ouvidores, capacitadora licenciada pelo ILAPR/IIRP - Instituto Latino Americano de Prácticas Restaurativas/International Institute for Restorative Practices.

Vania Curi Yazbek • Terapeuta individual e familiar com especializa*ção em clínica, m*ediadora e capacitadora em Mediação Transformativa de Conflitos, facilitadora e capacitadora em práticas de Justiça Restaurativa, integrante da equipe Justiça em Círculo, *sócia fundadora do* Mediativa - Instituto de Mediação Transformativa, capacitadora licenciada pelo ILAPR/IIRP - Instituto Latino Americano de Prácticas Restaurativas/International Institute for Restorative Practices e em processos circulares por Kay Pranis; certificada pelo Diplomado Internacional em Práticas Dialógicas, membro da Red de Trajo para Dialogos Productivos e docente dos cursos Diplomado em Perspectiva y Práctica Profesional Generativa de la Fundación Interfas de Buenos Aires.

Violeta Daou • Facilitadora, capacitadora e coordenadora de projetos em práticas de Justiça Restaurativa, mediadora e capacitadora em Mediação Transformativa de Conflitos na Escola Superior do Ministério Público, Mediativa - Instituto de Mediação Transformativa e Instituto THEM - Transformação Humana em Educação e Mediação, psicoterapeuta, atendimento: individual, grupo, casal e familia, integrante da equipe Justiça em Círculo e sócia fundadora do Mediativa - Instituto de Mediação Transformativa.

Trajetória da equipe, fotos e outras informações

www.justicaemcirculo.com.br

justicaemcirculo@gmail.com

fb.com/JusticaEmCirculoMediativa

contato@sattvaeditora.com.br
www.sattvaeditora.com.br